PORQUE ÉRAMOS JÓVENES

JOSEFINA R. ALDECOA

PORQUE ÉRAMOS JÓVENES

SEIX BARRAL

Cubierta: Amand Domènech

Primera edición: abril 1986

ISBN: 84-322-4571-2

Depósito legal: B. 8.346 - 1986

Impreso en España

«More, more, I keep cryin' for more, more»

(Canción popular americana)

PRIMERA PARTE

Capítulo primero

I

Octubre 1958

Querido David:

Te va a gustar Nueva York. Ahora, en el otoño, tiene la misma luz que Madrid. En el otoño, el parque está dorado y rojo y los coches de caballos que hay delante del Plaza te llevan por caminos cubiertos de hojas caídas. Hay bancos con parejas y viejos, niños patinando al sol, cisnes en el lago y puentes de madera para cruzarlo... Te va a gustar, pero tienes que darte prisa y pedir en seguida la beca. Es un buen momento, para los españoles. Con Brigitte estudian dos de Barcelona. Por ahora he decidido quedarme con ella y otra chica francesa. Tienen un apartamento viejísimo en el Village, y el Village es el corazón de Nueva York.

Cuando tú vengas buscaremos otra cosa. Dos becas son suficientes para que una pareja viva bien. Para nosotros, modestos europeos de posguerra, extraordinariamente bien.

He llegado a la capital del mundo y me he instalado en ella. Me fascina, me excita, estoy deseando recorrerla entera, sumergirme en sus calles. Todas las películas de nuestra adolescencia palpitan en esas calles... Creo que es la misma fascinación que sentían tantos «americanos en París» en los años de la depresión, cuando París era el refugio para las huidas y todo lo bello y estimulante que el hombre occidental hacía lo hacía en París... No te enfades, David; no te burles de mi orgullo francés. Tú estás de acuerdo, tú has dicho muchas veces que París era el sueño de todos vosotros, el viaje a la luz, la escapada de las tinieblas... Pero fíjate lo que me está ocurriendo: no hay un minuto del día en que no piense en Ibiza. Lo dejaría todo, la ciudad, la perspectiva de mi programa aquí, todo, por estar ahora mismo en Ibiza. Nuestra casa rodeada de sabinas y arena, la cala de piratas a la que bajábamos por aquel escarpado camino, el acantilado sobre el mar. Y luego el agua turquesa, transparente desde lo alto, en la que nos hundíamos para emerger con algas que tú clasificabas, la *callophyllis membranofilia*, la *acetabularia mediterránea*. Especies que te deslumbraban y que a mí me gustaba contemplar bajo el agua, racimos rosa pálido, filamentos verdes, balanceándose en el jardín submarino. Permanecer en aquel agua para siempre, ¿no sería acertar? Vivir las tardes más serenas a la sombra del porche con todas las ventanas abiertas y el aire atravesando la casa de Norte a Sur, de Este a Oeste. Y nosotros callados, derrumbados, con la piel todavía cubierta de la sal mediterránea. Y luego la otra sal y el pan, y los tomates, y el aceite, y el vino... ¿Es necesario renunciar a todo esto?

Decíamos que sí y que no, según las horas, según el giro de las conversaciones y el nivel de la absenta en nuestras copas. Julián decía que sí, mejor quedarse. «No hay nada más allá de esta isla, nada por lo que merezca la pena luchar.» Y tú decías: «Sí hay. El mundo entero nos necesita.» Luego reflexionabas y añadías: «Por lo menos nuestro país nos necesita...»

Yo no estaba segura de que Francia pensara en mí. Pero creía que ser joven es marcharse a alguna parte. También creía que se debe salir del Paraíso para ayudar a los que viven fuera.

Por esto estoy aquí, por eso debes venir tú cuanto antes. Tenemos que aprender a hacer mejor lo que hemos empezado. Estoy deseando ver cómo trabajan aquí, cómo organizan los equipos de estudio, qué papel juega el psiquiatra, cuál el juez, el asistente social, el *rol* que nos asignan a los psicólogos. Estoy deseando ver de qué manera funcionan las instituciones creadas para curar a las víctimas de otras instituciones.

Creo que tú también puedes descubrir en qué medida la inexorable ley genética transmite mensajes de conducta a los jóvenes sujetos de mi trabajo.

Pregúntale a Julián de mi parte: ¿Merecerá todo eso la pena?

Cae la tarde. Los tejados del Village, tan bajos, tan a nuestra medida, se enrojecen con el último rayo de sol. Estoy triste. Sabes que me entristecen los atardeceres. También aquí termina un día para siempre. Un día perdido para nosotros porque no estamos juntos. Un día que nadie despedirá desde nuestra casa vacía, cuando se oculte el sol por Es Vedrà y sus cabras salvajes inclinen el testuz, acobardadas por la noche que llega...

Un beso,

Annick.

II

—Todo tiene que seguir lo mismo que antes —dijo Genoveva.

De espaldas a él, levemente apoyada en el mármol de la chimenea, organizaba un ramo de rosas amarillas. Las desplazaba nerviosa dentro del recinto de cristal y los dedos resbalaban por los tallos, los separaban, los juntaban, buscando un equilibrio entre la erguida vertical del centro y la desmayada curvatura de los que caían sobre el borde del jarrón.

«Es dura, dura, dura...», pensó Julián.

La mujer se volvió y lo miró, y él se sintió amenazado por aquellas pupilas brillantes, traspasado por aquellos círculos diminutos y grises.

—Tú estás como siempre —afirmó Genoveva una vez terminada la investigación.

—No sé si eso es bueno o malo —dijo Julián.

Ella eludió la respuesta y continuó:

—David lo decía: Julián no cambia, sigue siendo el mismo. Cada vez que os veíais lo decía...

Se había sentado cerca de él, se había derrumbado en un sillón tapizado en raso de algodón: rosas salmón, ramas verde claro, fondo cremoso.

—¡Nos veíamos tan poco! —dijo Julián—. Ya no recuerdo cuántos años hace que nos vimos por última vez...

Un temblor dejó en el aire el resto de la frase. Iba a decir: «Debió ser en octubre», pero le paralizaron sus palabras, lúgubres y aterradoramente exactas: la última vez. Aquel día olvidado, el 10, el 20, ¿fue en verdad octubre?, había sido, sin ellos saberlo, la última vez.

Genoveva esperaba. Lo miraba serena y esperaba que él diera datos, hiciera comentarios sobre el último encuentro recordado.

«Nada de lo que yo diga le alterará. Nada de lo que ella me diga responderá a una emoción momentánea ni siquiera a una apreciación objetiva», pensó Julián.

—Tú estás mejor que nunca —dijo.

Porque sabía que eso, la alabanza, el reconocimiento admirativo, eran la mejor forma de acercarse a Genoveva, de conseguir que aceptara su presencia, su derecho a estar triste, su deseo de compartir con ella este momento de soledad entre la despedida de las últimas visitas y la llegada de los hijos para la cena.

Por las ventanas del salón entraba un olor agrio a heno seco, a césped requemado, un olor a verano anticipado allí, en las afueras de la ciudad.

Genoveva había cerrado los ojos y parecía crispada; se notaba en la forma de aferrarse a los brazos del sillón.

«Estoy seguro —pensó Julián— que no deseaba verme.»

—Quiero que no se cambien nuestros planes —dijo—. María se casará en septiembre, como estaba previsto. Rafael termina el próximo año la carrera y se irá a Londres a hacer un Master. El pequeño no sabe lo que quiere. Quiere viajar, moverse, escapar. Lo que está claro es que no quiere trabajar...

Los hijos de David, los planes inalterables, los deseos urgentes y vivos de los hijos de David ocuparon todo el espacio entre ellos dos. Llenaban la habitación como las piñatas de la infancia, voluminosas figuras de papel colgadas de la lámpara, vientres coloreados cargados de sorpresas que caerían al suelo ante sus pies a poco que tiraran de los hilos. En esa fiesta, en esa invitación a un futuro implacable, él, Julián, sería un testigo lejano o ni siquiera un testigo. Vagos rumores lo alcanzarían un día por sendas indirectas: el hijo de

David, el mayor, ¿recuerdas?, ha alcanzado la cátedra, el puesto, el cargo...

Los hijos de David. Y el propio David borrado para siempre, ausente de los planes, las decisiones, los programas. Todo se haría como estaba previsto. Lo único no previsto era esa muerte del amigo, esa orfandad brutal en que dejaba no a sus hijos, no a Genoveva, sino a él, Julián, anclado en un pasado presente a todas horas.

—He venido a veros en cuanto pude, tan pronto como pude. He venido sólo a verte, a veros... —dijo, y la voz le salió baja y triste.

Un abejorro entró por la ventana y fue a posarse sobre una rosa. Su zumbido goloso navegó de una a otra flor. Fuera cruzaban los pájaros, y un resplandor rojizo, hacia el Oeste, anunciaba la puesta de sol.

—Fue todo tan inesperado, tan ilógico —estaba diciendo Genoveva, porque probablemente creía llegado el instante en que debería darle alguna explicación, levantar una esquina del velo que la envolvía y dejar que él percibiese un fugaz aleteo del dolor, la angustia, el desconcierto de su reciente situación.

—Pero él ¿estaba enfermo? ¿Se podía esperar este final? —se atrevió a preguntar Julián.

Un poco molesta, como queriendo alejar los detalles penosos, Genoveva se dedicó a enumerar la relación de actividades saludables, la perfecta norma de vida que guiaba a David y que hubiera debido conducirle a una vejez lejana y espléndida.

—... De siete a ocho, tenis, todas las mañanas. Los fines de semana arreglaba las plantas aquí, en el jardín. Todos los días andaba seis kilómetros por la carretera...

«¿Hacia dónde?», estuvo a punto de preguntar Julián.

«¿Hacia dónde caminaba todas las tardes, carretera adelante? ¿Trataba de huir, trataba de alcanzar el final del camino, la estación de ferrocarril, la ciudad al fondo?»

—Ya no bebía —aventuró Julián.

Era una afirmación, pero esperaba una respuesta que completase la imagen de aquel David casi desconocido.

—Claro que bebía, nunca dejó de beber. Los dos os habéis pasado la vida bebiendo —dijo Genoveva.

La acusación quedó vibrando en el aire, y Julián la rechazó con todo el cuerpo lanzado hacia adelante, como ante una agresión física.

—Por favor, Genoveva, no exageres... Estás hablando del pasado. Hace años que no veía a David...

Una oleada de nostalgia transportó a Julián a noches enfebrecidas, saturadas de humo; párpados que se cierran, voces roncas que arrastran hasta la luz del día los argumentos lúcidos de la alta madrugada.

Genoveva no había vuelto a hablar. Una nube cruzó su rostro y al retirarse dejó un brillo de llanto en la mirada.

«Es injusta y soberbia, y ha encontrado el blanco perfecto para descargar su resentimiento. Porque esa lágrima que no deja brotar es una lágrima de rabia: cómo pudo morirse David, hacerme esto...»

Quizá para apagar su ira, tal vez tratando de suavizar su ataque, Genoveva se levantó y fue hacia una mesa llena de botellas y vasos.

—¿Quieres una copa? —preguntó mientras ella se servía.

—Por favor —pidió Julián, y ya más relajado, aceptando la tregua y la implícita disculpa, añadió—: Yo sigo como siempre: copas, trasnoche, copas..., un desastre.

Genoveva se sentó con su vaso en la mano. Hizo sonar los hielos y el whisky se movió entre ellos, un agitado mar de minúsculas olas. Bebió un trago largo y lento.

Julián no la miraba. «Toca fondo —pensó—; de un modo u otro acaba de entender que se ha cerrado el ciclo y los caminos del futuro siguen abiertos sólo para ella...»

Un rayo de sol incidía en el parquet y arrancaba puntos luminosos y sólidos. Luego el polvo dorado se extendió por el salón. La ansiedad del ocaso descendía sobre la tierra. En los cristales de la ventana abierta se reflejaba el rojo desafiante del sol en despedida.

III

El padre lo miraba con orgullo. Le pasó la mano por la cabeza, y el pelo cortado a cepillo quedó aplastado por un momento para recuperar en seguida su calidad áspera y crespa.

—Así me gusta, David, así me gusta. Ahora podrás disfrutar del verano y, en octubre, a empezar el bachillerato.

David estaba pensando en el regalo, pero no sabía cómo decirlo. Deseaba que el padre recordase el premio, aludiese a la recompensa tanto tiempo esperada. «Las cosas hay que ganárselas —solía decir el padre—. No se da nada por nada.» Y él se repetía la máxima cuando no le salían los problemas y cuando le costaba trabajo concentrarse en la lista de las capitales europeas. Él había dado su parte. Allí estaba, en la mano del padre, la cartilla firmada por el prefecto: «Comportamiento: Bien. Asistencia: Bien. Matemáticas: Notable. Ciencias Naturales: Sobresaliente... Puesto Final: 7 sobre 27.» Y una advertencia: «Carácter: un poco díscolo, rebelde a veces, pero acepta las normas de sus superiores.» Estudiaba, obedecía, cumplía con sus obligaciones. A veces se evadía. Por los vitrales del aula se filtraba una luz que se deshacía en colores sobre su pupitre. David colocaba las manos sobre la madera y las manos se volvían azules, verdes, rojas, del color de los cristales emplomados. En la tarima alguien hablaba de conquista, de imperio, de indios cristianizados... Se perdía. Al menor movimiento, los colores cambiaban de lugar, se ondulaban sobre la piel como una capa de agua y las manos de David, sumergidas, se desplazaban suavemente hasta el extremo de su pupitre.

Se perdía, pero nadie se daba cuenta porque las suyas eran distracciones silenciosas y no alteraban el discurrir de las explicaciones. Lo malo era al final de la jornada, cuando se dirigían en fila hacia la enorme sala de estudios para rematar con una hora extra el trabajo del día. Entonces David sí se sentía «rebelde y díscolo». En invierno ya era de noche y hacía frío. Del techo colgaban bombillas sucias que daban poca luz, y era espantoso abrir los libros, apoyar los codos sobre la mesa, sujetar la cabeza con las manos y tratar de adentrarse una vez más en los interminables párrafos de los textos. David se rebelaba. Cerraba el libro, fruncía el ceño, miraba descaradamente al hermano vigilante, pedía permiso para ir al baño, dejaba caer ostensiblemente lapiceros y compases. Protestaba.

A veces no le hacían caso, no veían o no querían ver sus muestras de disgusto, y David se aburría y terminaba por pasar las hojas con desdeñosa furia. Otras veces aceptaban sus retos y después de dos advertencias, a la tercera, exactamente a la tercera, quedaba incorporado a la lista de castigados: media hora más de estudio. Pero eso daba igual, porque «ellos» habían entrado al fin en el juego y todo juego tenía unas reglas por las que se ganaba o se perdía. Además, una exaltación especial crecía en la clase cuando todos se iban y los castigados ocupaban sus nuevos puestos. «Separados, muy separados», decía el viejo profesor encargado de cuidarlos. Luego él se sentaba en su trono, abría un libro, se tapaba la frente con la mano derecha y se hundía en la lectura. Al poco tiempo se dormía. Primero se le veía luchar por mantener en alto la cabeza, que se doblaba al fin, dulcemente vencida. Un latigazo de consciencia le hacía erguirse. Regresaba desde muy lejos y posaba su mirada sobre los muchachos dispersos en la sala, inclinados sobre su trabajo, callados y serios. Luego volvía al sueño. Entonces empezaba la silenciosa fiesta. Cada uno representaba un número de mimo para regocijo del grupo: subían a las mesas, llegaban de puntillas al durmiente, hacían la instrucción por el pasillo, tomaban posiciones de combate arrastrándose entre los pupitres. La campana los sorprendía siempre fuera de su sitio, pero no importaba, porque ellos sabían y el profesor sabía que nadie rompería aquel secreto, la desolada siesta del uno y la muda agitación de los otros.

Díscolo y rebelde a veces. Pero, al final, las notas eran buenas y el verano se extendía libre ante sus ojos, en esta tarde de junio soleada y brillante.

—En cuanto al regalo —dijo el padre, y David sintió que le latía el corazón—, en cuanto al regalo, yo había pensado en un buen microscopio. Un microscopio adecuado a tu edad, desde luego, pero que sea bueno. Veo que te gustan mucho las Ciencias Naturales, y me parece que no hay mejor juguete ni distracción más completa que un microscopio... Tú, que siempre andas cogiendo animalitos para guardarlos en botes y observarlos...

Las últimas palabras ya no le alcanzaron. Se había puesto rojo desde que el padre descubriera su proyecto. Rojo y ciego y sordo de indignación. En una rápida cadena de agitados sentimientos decidió: no volver a estudiar una palabra de Ciencias Naturales; romper el microscopio o, mejor, guardarlo en el último cajón de su armario; venderlo y decir que le había desaparecido; meterse en la cama todo el verano y decir que estaba enfermo; marcharse de casa...

—¿Qué te parece? —preguntaba el padre, impaciente—. Di algo de una vez.

—La bicicleta —balbuceó David a pesar suyo—. Yo creo que era mejor la bicicleta...

Quería explicar: con la bicicleta podré ir al río, pescar, bañarse, hacer carreras con los otros, entrenarme para la Vuelta a España. Pero no podía hablar. A pesar suyo, sintió que las lágrimas corrían por sus mejillas. Rabioso y despreciándose, las limpió con la mano.

El padre le observaba en silencio, y cuando habló, su voz sonaba distante y áspera, y en modo alguno convencida.

—Está bien. Lo siento. El microscopio está ya encargado y pagado. Los tiempos son duros para todos y yo no voy a comprarte la bicicleta. Hablaré con tu abuela, y si ella quiere...

Lo había hecho muy bien. Se había rebelado, y la bicicleta, probablemente, seguro, sería suya. Pero también debía ceder, reconocer la fuerza de los argumentos del padre. El microscopio era un gran regalo.

—Me gusta el microscopio, papá, de verdad..., y si la abuela...

David sintió que la calma regresaba. El juego y las vacaciones y la libertad estaban salvados.

Capítulo segundo

I

Nueva York, diciembre 1958

Querido David:

Hoy ha empezado a nevar. Los niños juegan con la nieve en las calles, y en el parque se deslizan con trineos. Los niños parecen muy felices aquí. ¿Por qué se vuelven luego adolescentes furibundos? Son muy libres, mucho más que nosotros lo fuimos. Su guerra fue muy corta y muy lejos. Nadie les ha pedido privaciones ni austeridades cuando terminó. Pero no es un problema de guerras. Es algo diferente. Los padres viven obsesionados con la libertad de sus hijos. No quieren reprimir nada en su conducta, en su forma espontánea de producirse. No quieren castrar a sus hijos. Crecen como pequeños robinsones y descubren por sí mismos las causas de los fenómenos que les rodean. O, mejor, como hijos de Tarzán, vagabundos en la maleza, expuestos a los peligros de la selva sin otra compañía que un animal domesticado y la sombra del padre que vuela de árbol en árbol.

Ya estoy metida de lleno en el trabajo. No puedo evitar estas divagaciones que tienen que ver con lo que cada día descubro o intuyo en los expedientes que caen en mis manos y en las sesiones a las que asisto para discutir los casos que tratamos.

He recibido carta de Julián. Sigue en Ibiza, ya lo sabes. Creo que va a pasar todo el invierno allí. Anda buscando el modo de hacerse con el bar de Tony. Necesita dinero y no sabe si su padre se lo dará. Me dice que está solo y va todas las tardes hasta Cala Grasió a jugar una partida de bridge y a emborracharse con el grupo de ingleses, en la casa de aquellos viejos veteranos del 14. Luego vuelve dando tumbos en el 2 CV. Espera que te puedas escapar unos días en Navidad. ¿Te dejará tu madre? Hablas poco de Ibiza cuando me escribes. Pero tampoco hablas de la carta que pensabas enviar al profesor Winemberg. ¿Por qué te empeñas en buscar trabajo? Veo detrás de todo la mano de tu madre. No te enfades. La comprendo y me da pena su soledad y su fijación en ti. Pero no puedes pasarte la vida junto a ella. Debes salir de España. No sólo por la ciencia, también, y sobre todo, por el aire. No respiráis ahí dentro. Ayer vi en un cine cercano la *Tierra española* de Buñuel. Lloré. Hemos hablado tanto de esas cosas... Julián es un escéptico y ha elegido un camino; es consecuente con lo que piensa y cree. Ibiza es una forma de libertad y de sabiduría, el regreso a la no lucha, no participación, no acción, la extrahistoria, la contemplación de la historia. Todo sucede fuera y lejos de esa isla. Pero tú eres activo y, sin embargo, noto en tu última carta un matiz de renuncia. Al principio todo eran impaciencias y gestiones, no hablabas de otra cosa. «Tengo que ir —decías—. Tengo que ir aunque no consiga la beca, aunque me enrole de marinero, aunque tenga que lavar platos para sobrevivir...» Ahora empiezas a hablar de los cursos del Doctorado, de la oportunidad de algún trabajo para ir tirando hasta que puedas venir aquí. Es verdad que pienso en mí, tienes razón. Si tú estuvieras, Nueva York me parecería aún más fascinante. Pero sobre todo pienso en ti. Porque las experiencias son intransferibles y nadie puede vivir por ti las cosas. No puedo vibrar por ti cuando me voy a oír jazz a «The half note»; no puedo llorar por ti cuando veo una película que me desgarra; no puedo absorber por ti el color de Manhattan iluminado para la Navidad; no puedo respirar por ti, ahora mismo, el aire que la nieve ha limpiado. Pero yo *sí* vibro, lloro, absorbo, respiro...

Y me entristezco a esta hora, cuando empiezan a encenderse las farolas del Village y me pongo a escribirte.

No te duermas, no renuncies, no te quedes. Será maravilloso vivir juntos en Nueva York, encontrarnos en casa al fin de la jornada y contarnos lo que hemos aprendido, aceptado o negado durante el día. Y luego correr juntos a la calle, descubrir un ritmo nuevo, un palpitar distinto en la ciudad.

Cada día cambia el color del aire, el rumor de la gente, el olor y el tacto y el sabor de Nueva York. Es un camaleón que se refleja en un espejo y a partir de su imagen se transforma y vuelve a transformarse; siempre el mismo con capas diferentes, «24 horas», «Abierto noche y día», como los restaurantes. «Late show», «Late, late show». El último espectáculo termina cuando empieza el primero al día siguiente.

No insisto más. Te necesito, pero estoy aquí, y aunque tú no estés seguiré viviendo mi aventura. Y si no hubieras estado en Ibiza, si no te hubiera encontrado allí, no añoraría hoy nuestro verano, pero añoraría el mío, porque habría existido un verano con calas y sabinas y agua verde y amigos en los bares del puerto para beber y discutir y cantar y también, sí, también otro David para hacer el amor. Porque ésa es la terrible y alentadora realidad. Todo es posible de muy diferentes maneras.

Un beso,

Annick.

II

—Tú siéntate a mi lado —dijo Genoveva.

La mesa era larga, rectangular, y Genoveva se había sentado en uno de los extremos. Señalaba a su derecha con impaciencia, y Julián se apresuró a aceptar.

—Tú, Rafael, ahí enfrente.

El chico obedeció, y Julián tuvo la impresión de que ocupaba quizá por primera vez lo que parecía ser la cabecera de la mesa, el lugar del padre. María y el pequeño no fueron advertidos, «porque —pensó Julián— ellos permanecen en el sitio habitual, a la izquierda de la madre. Genoveva ha aprovechado mi presencia para colocarme a su lado y enviar al primogénito a llenar ese espacio vacío que no puede soportar. Necesita saber que hay otro hombre en la casa para presidir los encuentros rituales, ocupar los huecos, aceptar las representaciones».

Un poco desconcertado al principio, pero en seguida dueño de sí, Rafael empezó a hablar:

—Mañana echo el cierre: último examen, y a la calle. Estoy muerto...

—No será tanto —dijo la madre.

María estaba lejos. Se notaba en su mirada que se perdía más allá de la ventana abierta a espaldas de Julián. «Los ojos de David —observó Julián—; sin embargo, el cuerpo, las manos, el pelo de Genoveva.»

Una mujer envejecida y torpe entró con una bandeja en cuyo centro reposaba una sopera. La miraba intensamente, preocupada por mantener el equilibrio, y se dirigió a Genoveva, que después de servirse dijo escuetamente:

—Al señor.

La mujer se movió hacia Rafael, hipnotizada por la magia del puesto preferente; miró al muchacho, que empezó a servirse con soltura, y Julián pudo advertir, creyó advertir, que lo miraba con tristeza y dulzura y un respeto probablemente recién incorporado a su gastada cadena de costumbres.

Cuando Rafael terminó de servirse, la mujer se volvió a Genoveva buscando una orden nueva, la indicación de un gesto sucesivo. Tenía los ojos enrojecidos, y Julián acababa de darse cuenta que podía llorar en cualquier momento.

Genoveva movió la cabeza a un lado y a otro, entre exigente y comprensiva.

—Ama —dijo—, por favor, ama. Sirva al señor.

Y señalaba a Julián, que era el verdadero objetivo de la orden anterior.

—Al señor.

Reforzaba la palabra con un gesto, señalándolo, y en aquel momento Julián pensó que la mujer no le había visto antes; sólo había percibido la mesa completa, todos los sitios ocupados, todo en orden, la noche familiar inalterada, como solía estar hace sólo un mes. Al acercarse a Julián lo hizo con pausa, consciente de su error y de la situación por ella ignorada. Porque ocupado el puesto del padre por el nuevo señor, el nuevo jefe, quién iba a estar sino un desconocido en el antiguo sitio de Rafael, quién para darle la impresión del mismo número, los mismos movimientos, la restablecida armonía...

Julián deseó volver a un rato antes, cuando llegaron los chicos y él iba a marcharse y Genoveva le había dicho, quizá llevada sólo por la inercia del momento:

—Quédate a cenar.

Y él había aceptado espontáneamente, con el absurdo intento de afirmar ante los chicos su pertenencia al mundo del padre, de reclamar su papel de amigo viejo, amigo inseparable, amigo desconsolado. Ahora estaba inquieto y desazonado, arrepentido de haberse quedado.

Una densa tristeza se vertía sobre la mesa, descendía sobre los platos llenos, las copas transparentes, los cubiertos de plata. Un silencio durísimo se estaba levantando en torno a cada uno de ellos. En un instante dejarían de verse, extrañamente aislados, incomunicados en sus celdas, y Julián tenía que romper el muro antes de que alcanzase una altura inexpugnable. Iba a hablar, iba a decir: «La sopa está muy buena» o «Ya ha empezado el calor»; iba a gritar cualquier frase vulgar, pero valiosa, porque sólo las palabras destruirían la pared enemiga. Tan sólo las palabras, armas, ácidos, vendavales, vencerían al silencio.

Pero fue el hijo menor de David el que inició el ataque. Había permanecido todo el rato con la cabeza inclinada sobre el pecho, entre la hermana ensimismada y el hermano investido por la madre con la dignidad del primogénito. De pronto habló. Su voz sorprendió a Julián porque era la voz de David joven. Del mismo modo que los ojos de María eran los del amigo y al hijo mayor le habían correspondido el mentón y los pómulos y una forma especial de girar la cabeza cuando escuchaba. «La permanencia de David —empezó a decirse Julián—. He aquí la continuidad de un hombre, sus ojos y su voz y su barbilla repartidos entre sus hijos...», pero no tuvo tiempo de extenderse en su reflexión porque esa voz, que tenía el timbre, el tono, la frescura de la voz de David, estaba formulando una sorprendente afirmación:

—Así que tú eres Julián, el amigo alegre de los años alegres de papá...

III

Entraba en la farmacia y saludaba al padre. Luego pasaba a la rebotica y se sentaba ante la camilla. Las faldas recogían el calor del brasero y la lámpara iluminaba el tapete beige.

Sacaba los cuadernos, los libros, los lapiceros y empezaba a hacer los deberes. Al poco tiempo venía el padre y de pie, a sus espaldas, miraba su trabajo. Olía a colonia fresca y a tabaco de pipa, y David percibía su respiración un poco fuerte. El calor en sus pies, siempre fríos en los húmedos inviernos del Norte, y esa presencia del padre a sus espaldas, le reconfortaban, le transmitían la cálida sensación de encontrarse en un resguardo blando, cueva o nido, seguro y defendido. Todo el cansancio acumulado en las horas de clase, el regusto ácido de las pequeñas injusticias, la ronca agitación de los recreos, fútbol y gritos, patadas y lágrimas, todo se convertía en nieve desleída, lluvia evaporada, sol fuerte y tierra seca, al amparo del padre.

El padre le corregía los deberes y le enseñaba a conocer las hierbas medicinales. David abría los tarros de porcelana y aprendía los nombres olorosos escritos en azul y amarillo: genciana, tila, menta, mercurial, canchalagua.

A las siete llegaban los amigos para la tertulia. Eran tres o cuatro, nunca más. Venían de uno en uno, Iban pasando, se deslizaban entre las dobles cortinas que cerraban el paso a los extraños, al final del mostrador.

«Conspiradores, eso parecen —se decía David, que aún conservaba en un rincón de la memoria las imágenes frescas de la película del domingo—. Conspiradores amenazados por espías.» Cuando el mancebo cerraba la farmacia y daba las buenas noches, el padre aprovechaba y le ordenaba:

—Tú, David, vete a casa. Mamá estará esperándote.

Algunos días se olvidaba de él. O no se olvidaba y le

permitía a propósito quedarse para que oyera hablar a los amigos, que eran personas serias y ejercían profesiones importantes: el médico, el notario, el dentista, el catedrático de griego.

En una mesa de mármol, bajo la estantería colmada de medicinas, el padre encendía un infernillo. Sobre el fuego colocaba la tetera de peltre, y del armario de caoba en que archivaba facturas y recetas sacaba una bandeja con un juego de tazas y platos. Extraía de un tarro hojas verdosas con la punta de los dedos, las echaba en el agua humeante, apagaba el fuego y esperaba un momento. Luego vertía el té sujetando con una mano la tetera mientras con la otra pasaba de taza en taza el colador. Por último colocaba sobre la bandeja una cajita con sacarina.

—¡Muy bien, muy bien! —decía siempre el médico—. Mejor la sacarina.

Y los demás asentían. Sólo el notario sacaba del bolsillo un terrón envuelto en papel de seda y, pidiendo disculpas, explicaba:

—No puedo con el té sin azúcar, no puedo...

El padre se solidarizaba con la debilidad del disconforme:

—A mí me pasa con el café. Sin azúcar, no puedo. Y encima esa achicoria que nos dan en el Círculo...

La tertulia estaba en marcha. Se sucedían las protestas, desgranadas cansinamente: Hasta cuándo el azúcar y el café... Hasta cuándo ese pan que los hambrientos vendían de estraperlo... Hasta cuándo...

David se aburría. Algunas veces, sobre las tazas de té flotaba la noticia, el anuncio del peligro, el comentario prohibido.

—Que no salga de aquí —decía un contertulio.

Bajaban la voz para que las palabras no pasaran más allá de la puerta de cristales, cerrada ya con llave. «Como si las palabras —pensaba David— pudieran escapar y saltar a la calle, igual que las canicas cuando se abre la mano.»

—Me han dicho, lo sé de buena tinta...

Novedades terribles, rumores tristes. David se perdía. Era difícil seguir los sinuosos caminos de las charlas adultas. Sólo cuando se hablaba de la guerra mundial David se despertaba, se volvía perspicaz y bebía las palabras de los hombres. Todos estaban de acuerdo, todos se inclinaban a la misma partida.

—Te digo que destrozan Alemania. Después de ésta no levanta cabeza...

—Si interviniera América...

—Nadie vence a Inglaterra...

—Alemania se estrella con los rusos, como Napoleón...

—Sangre, sudor y lágrimas, prometió Churchill a los ingleses...

—Decía anoche la BBC...

David imitaba muy bien aquel acento especial: «Estación de Londres de la BBC hablando para España...» Cuando jugaban a la guerra en el parque, o cuando en el recreo del colegio señalaban en el atlas los movimientos de las tropas, él repetía las noticias oídas en la radio... Estación de Londres de la BBC... Si se acercaba un hermano cambiaban de tema, porque de alguna forma comprendían que no podía ser aquélla la emisora favorita de los frailes. Esa impresión tenía que ver con los comentarios del padre y sus amigos cuando de pronto dejaban fuera y lejos el conflicto mundial y machaconamente volvían a lo suyo.

—¿Y aquí qué va a pasar cuando acabe la guerra?

—Tendrán que intervenir. No van a permitir un reducto de fascismo en Europa...

—Aquí no podrán nunca con la Iglesia...

El padre no quería a los curas. Se advertía, se palpaba. En casa, lo decía con frecuencia:

—Esta educación, ¡qué desastre! —murmuraba ante cualquier fragmento de sus libros de texto—. ¡Qué Historia os explican, hijo mío, qué Ciencia, qué conceptos!...

La madre le hacía gestos, contrariada, y él reaccionaba, quería arreglarlo sin desdecirse:

—De todos modos, hijo, tú tienes que estudiar. No hay elección. Sigue adelante, y ya llegará el día en que podamos hablar claro...

Por todo ello, David comprendía que no era aún el momento de decir en voz alta lo que en casa se hablaba con cautela. Tampoco convenía propagar, más allá de los amigos, las noticias que por la noche, después de cenar, recibían, muy juntos y en silencio, de las radios extranjeras.

Un día (estaba a punto de terminar el primer curso de bachillerato, era mayo, hacía sol aunque había llovido un poco por la mañana) pasó por la farmacia como todas las tardes.

Todavía era temprano, mucho antes de la hora de cerrar, pero allí estaban todos, el padre y los amigos, apiñados en torno a la camilla, totalmente cubierta de periódicos extendidos.

—¿Qué pasa? —preguntó sobresaltado.

El padre le acercó a su pecho, apretó su cabeza contra el áspero tejido de su traje y muy nervioso, muy alegre, en voz muy clara, dijo:

—Los aliados han ganado la guerra...

No le soltaba, y con la oreja incrustada en el chaleco de lana David pudo oír cómo le latía, fuerte, fuerte, el corazón.

Capítulo tercero

I

Nueva York, febrero 1959

Querido David:

El sábado estuve en Long Island con unos amigos que me invitaron a su casa de la playa.

Hacía frío y todo era gris, el cielo, el agua y hasta la arena, oscurecida con la sombra del invierno. Dimos un hermoso paseo a la orilla del mar y recogimos conchas. Recordé mis costas de Bretaña, los veranos lluviosos de la infancia en los que corríamos descalzos por la playa. La mayoría de las casas están cerradas ahora. Son de madera y todas tienen escaleras. Cuando sube la marea, el agua alcanza hasta la estructura sobre la que se asientan. Casas pintadas de blanco con ventanas de colores desvaídos por efecto de la humedad y la sal. Esta parte de Long Island es muy bella, un poco abandonada y melancólica. En verano vienen familias que se conocen desde hace tiempo. Me pregunto cuánto será ese tiempo para ellos, porque me asombra la movilidad de la gente en este país. Se calcula que cambian de trabajo y de residencia cada dos años. ¿Todos? Me imagino que es un dato estadístico que se refiere a determinados grupos sociales, pero es fácil comprobar que van y vienen sin descanso. Por unos dólares más al año, una ventaja más, un grado de prestigio, cogen sus bártulos y se van a otro sitio. Hay algo que no acaba de asentarse bajo sus pies. Un sentimiento de provisionalidad unido a una riqueza de oportunidades que nosotros desconocemos. Una inquietud permanente traspasa a las gentes. Hay que cambiar. Por otra parte, da la sensación de que los cambios son sólo superficiales. Cambian a otra ciudad, pero el esquema vital es el mismo. Los ghettos de las profesiones, las urbanizaciones parecidas, los mismos productos a lo largo y a lo ancho del país.

Hace cinco meses que estoy aquí. Ya no te espero. Sigues hablando de venir, pero, de verdad, no te espero. No es una venganza ni una derrota. Es simplemente que me he cansado de insistir. Pareces muy contento en el trabajo. Es atractivo y estimulante ayudar a que algo nuevo empiece a funcionar. No está muy claro cuál va a ser tu puesto definitivo si continúas en los laboratorios. Supongo que una empresa que empieza con ímpetu tendrá entre sus proyectos instalar un departamento de investigación. No dejes escapar la ocasión de que cuenten contigo. Insiste, opina, sugiere. No tengas miedo a la responsabilidad. Yo te veo en la investigación. Creo que es lo más hermoso de tu carrera. Recuerdo tu entusiasmo cuando hablabas del futuro. «Todo es bioquímica —decías—. Por ahí van las cosas. Todo lo que se está investigando en el mundo apunta hacia la interpretación de la vida como química.»

Julián me envió unas fotos del verano. No me sirven para la nostalgia. No me gustan las fotografías, me decepcionan siempre. Son pobres, confusas. Resaltan los detalles que afortunadamente hemos olvidado, y no pueden transmitirnos ni un solo aliento del pasado. Te das cuenta que estoy hablando del verano y lo llamo pasado. El tiempo es tan irreal... ¿Cómo medirlo? Todo depende de la forma en que lo llenamos. Con qué nuevos paisajes, personas nuevas, situaciones extraordinarias, alargamos nuestros momentos. Ibiza es ya pasado, y al mismo tiempo convirtió en pasado mi vida anterior. He recibido carta de mi padre. Me cuenta anécdotas de sus alumnos de la Facultad. Comentarios ingenuos a lo que él llama las intolerables libertades de los jóvenes franceses de hoy. Pobre padre. Nosotros ya no somos la vanguardia de las costumbres.

Éramos el corazón del Universo cuando pasábamos la noche oyendo a Juliette Greco en Saint Germain. Éramos la cabeza del mundo cuando leíamos el último libro de Sartre y cuando lo espiábamos, le seguíamos, bebíamos sus palabras.

Los chicos de Nueva York visten camisas a cuadros

como Kerouac, y se lanzan al camino, viven en ese vértigo que sacude de costa a costa a América. No es posible sentarse en una cueva, clavarse en una calle, esconderse en una casa. La droga y el alcohol arrastran a estos chicos que cantan, gritan, huyen de sus casas buscando algo desesperadamente. Como en la vieja canción, ¿te acuerdas?, «esperan llorando algo más». Pero ¿qué esperan? No sé si un día encontrarán la respuesta. Yo sí sé lo que espero: vivir. El lote incluye trabajo, amor, amigos y la aceptación de lo imprevisto. Quiero dar mucho y recibir mucho. Quiero, querría tenerte cerca... ¿Sabes tú lo que esperas, lo que quieres?

Un beso,

Annick.

II

—El dinero no da la felicidad —dijo Genoveva.

Y extendió su mirada sobre las cosas que la rodeaban.

Julián también posaba sus ojos en los objetos diseminados por la llanura del salón. Objetos fríos, vacíos de toda virtud talismánica, pero objetos bellos que servían de estímulo constante a los sentidos. El tacto suave de las sedas, el olor de las rosas, el glorioso sabor de las bebidas y, por encima de todo, el goce total de la vista, remansándose en la forma, el volumen, la espléndida textura, el remate perfecto. La mujer, Genoveva, decía: «El dinero no da la felicidad.»

Y los objetos caros que ella había acercado a su vida daban con su silencio una respuesta grata a los oídos cansados. «Se asientan aquí —pensaba Julián—; aquí han sido colocados, dispuestos, para llenar espacios vacíos... Pero sólo son testigos duraderos, testigos indiferentes a la dicha o la amargura que contemplan cada día.»

Los chicos se habían ido retirando después de la cena. Primero María, con un soñoliento «Buenas noches». Luego Rafael: «Estoy muerto —repetía—; ha sido un día...», y por último el pequeño, que había regresado a su hermetismo una vez pronunciada la inesperada frase, ante la cual la madre y los hermanos fijaron en él su atención y su callado reproche. «Éramos alegres porque éramos jóvenes», se limitó a decir Julián, y buscó los ojos del chico para intentar transmitirle la seguridad de que era cierto lo que estaba diciendo. Pero el chico ya no le miraba.

«Éramos alegres porque éramos jóvenes.» Eso era todo, y Julián no hubiera podido añadir más, ya que ni él mismo estaba convencido de la autenticidad de lo pasado y menos aún de la inasible realidad del presente.

Cuando los hijos se hubieron ido, Genoveva vertió más café en su taza y Julián se sintió incapaz de rechazarlo porque intuía que ella necesitaba su presencia. No por debilidad ni por afecto, sino por retrasar el instante en que cada noche, despojada de toda compañía, después de dar la última vuelta por el salón, ordenar un pequeño desajuste, devolver a su sitio lo que ocasionalmente había sido desplazado, tenía que subir las escaleras, abrir la puerta, enfrentarse con la cama vacía, el cuarto vacío, el muro de silencios que la muerte había dejado como un rastro a su alrededor. Aquel encuentro con la ausencia física, aquella aceptación de la carencia definitiva, iba a conducirle cada noche a un terrible descubrimiento: la consciencia de que esa soledad era el anuncio de su propio y último destino. Y eso, pensaba Julián, sucedería, independientemente del vacío anterior que hubiera entre ellos, David y Genoveva, de la rutina instalada en sus vidas, del intercambio diario de frases apagadas: «Qué tal», «Y tú, y los chicos», «Quería consultarte de los chicos», «A propósito, se me estaba ocurriendo que este verano», o bien: «Hay que arreglar el seto de la entrada.» Palabras protectoras, escudos esgrimidos para defenderse de las verdades nunca dichas, nunca reveladas, inevitablemente rechazadas...

Así que, cuando Genoveva había dicho: «El dinero no da la felicidad», él andaba buscando una respuesta, y la única que encontró fue una extraña asociación de ideas entrecruzadas.

—David ganaba mucho dinero —afirmó.

Y en el mismo momento se hizo cargo de que estaba acusando a David de dar a Genoveva dinero y no felicidad, o demostrando a Genoveva que no importa cuánto dinero hubiera ganado David, allí estaba ella, sola, y David muerto...

—Sí, mucho. Pero no tanto —replicó Genoveva—. Piensa que cuando nos casamos mi familia nos dio una fortuna...

La respuesta barrió de golpe toda la confusa incomodidad de Julián.

III

—No puede ser. Mis padres no harían una cosa así... —dijo David.

Con la mano movía un junco dentro del agua. Levantaba burbujas, remolinos diminutos en el remanso del río. Una libélula quedó prendida en el junco y David observó la transparencia de sus alas húmedas. El cuerpo era muy delgado y los finos tallos de las patas eran verdes como el agua y la exuberancia vegetal de la ribera.

—Pues lo han hecho —dijo el amigo.

Con la navaja mondaba un junco viejo, duro y grueso. Dio un corte al bies y quedó al descubierto la hueca cavidad interior.

—Ahora le doy otro corte aquí y ya tengo la flauta —dijo triunfante.

David insistía en su juego. Ahora formaba círculos amplios con el tallo flexible. Había ido reuniendo hojas que flotaban prisioneras en el recinto provisional formado por las ondas concéntricas. Recorría de prisa el camino trazado en el agua, movía la mano con ágil insistencia para evitar que las hojas escaparan. Regresó al tema que el amigo había abandonado al concentrar su interés en la flauta o porque consideraba agotado un asunto tan sencillo, tan obvio.

—Te digo que eso no lo hacen los padres —generalizó David machaconamente.

El amigo se le quedó mirando con la flauta en la mano y suspendió la trabajosa perforación de un agujero en el tallo leñoso.

—Tú eres un poco lerdo, ¿no? —preguntó entre despectivo y molesto—. Tanto presumir de lo que sabes, pero luego: «Mis padres no, mis padres sin tocarse ni mancharse...» ¿De qué guindo te caes...?

David sabía. Tenía información más que sobrada. Le llegaban noticias transmitidas a los amigos por hermanos mayores, primos mayores, dudosos comentarios, hasta dibujos en hojas de papel destruidas rápidamente para evitar que cayeran en manos de algún adulto vigilante. Sabía. El diccionario ayudaba, y también los manuales de Ciencias Naturales.

Una vez había encontrado en casa un verdadero tesoro. Era un libro con pastas de cartón y en la portada mostraba un cuerpo de hombre desnudo y uno de mujer en la contraportada. Al abrir el libro, los cuerpos se desplegaban en capas superpuestas y bajo una cubierta transparente se veían los músculos y, levantando capas, los huesos, las arterias, las venas. Allí estaban claramente dibujados el corazón y los pulmones y el recorrido zigzagueante del intestino. Pero lo más excitante, lo que nunca le explicaban en la clase de Ciencias, era aquella zona apenas conocida, adivinada casi, que hacía diferentes al hombre y la mujer: el propio sexo, ofrecido a su afán de conocimiento por dentro y por fuera, lleno de nombres nuevos que designaban conductos, conexiones, fragmentos. Y en el lado opuesto, en el cuerpo opuesto, el sexo contrario que encerraba además una sorpresa. Oculto, protegido dentro del vientre, aparecía un niño enroscado en su cobijo, todo él una redonda figurilla blandamente encajada en su cápsula. Antes de ese descubrimiento, él ya sabía que en aquel cuerpo hábilmente desmenuzado, minuciosamente rebanado, plegado y desplegado, tenía lugar el más extraordinario de los fenómenos. Conocía los términos científicos: embarazo, feto, parto, pero nunca había visto, ni siquiera imaginado, cómo era aquel ser adormilado en su primer refugio.

Sabía y presumía de su sabiduría. Transportó hasta el colegio el documento, y a los amigos, sólo a los amigos, les fue mostrado las láminas brillantes y coloreadas. Todos tenían ya noticia de que el niño crecía en esa parte del cuerpo de la madre. La mayoría deducían un poco asustados de qué modo podía salir el niño del oscuro escondite. Pero cuando uno dijo: «Yo ya sé cómo sale. ¿Sabéis vosotros cómo entra?», todos se quedaron callados y en seguida se dieron codazos y se rieron, torpes y suficientes, del compañero ignorante. Aunque la verdad era que esa fase del proceso permanecía aún oscura y David estaba seguro de que muchos de los que se reían también dudaban, como dudaba él, acerca de la forma en que aquel niño dormido, conectado a la madre de la lámina por tubos y amasijos, se había instalado allí.

Aquella tarde, cuando las bicicletas descansaban tiradas en la hierba, el amigo había suscitado el nudo del asunto quizá porque acababa de recibir una lección completa o porque había conseguido capturar al azar el dato perdido, el eslabón que le faltaba para unir el conocimiento científico con las pícaras insinuaciones deslavazadas. Pero David se negaba a aceptar cualquier clase de nexo entre lo que él tenía catalogado como material tentador pero execrable, conducta pecaminosa pero atractiva, y el otro apartado, el biológico, en cuya asepsia cabía la aceptación del propio nacimiento incluida la instalación previa y el crecimiento en el cuerpo de su madre. Reconociendo su ignorancia sobre el cómo y el porqué del primer paso del proceso, rechazaba de pleno la noticia, la dolorosa conjunción de los dos mundos que él instintivamente había separado. Por eso había negado, se negaba a aceptar que entre sus padres se hubiera producido alguna de las sucias maniobras que ellos trataban brutalmente en sus conversaciones. Actos, situaciones, perversiones para los que existía incluso un vocabulario especial, soez y vergonzoso.

—No puede ser —había dicho— y siguió con el junco, tranquilo al principio, nervioso luego y acelerando al fin con rabia el movimiento de las ondas. Porque la revelación comenzaba a abrirse paso en el espacio de niebla que mantenía separados los dos compartimentos, y David empezaba a temer que las imágenes de los dos mundos, los rasgos acuñados por separado, pertenecían a dos caras de la misma moneda. No obstante, aún resistió gallardamente:

—No creo nada. Vámonos...

El amigo, perplejo, guardó en el cinturón la flauta y la navaja cerrada, cogió la bici y asintió:

—Bueno, como tú quieras.

Silenciosos y juntos pedalearon hacia la ciudad, y la tarde del domingo quedó atrás, truncada y hueca como las cañas cortadas en el río.

David subió de prisa las escaleras. La madre estaba sola. Todavía el padre no había regresado de la tertulia del casino.

Al verlo, la madre se asustó un poco.

—¿Qué te ha pasado? —preguntó.

David estaba a punto de llorar.

—¿Qué te pasa? —insistió la madre.

David echó por tierra todo el orgullo de sus once años y se refugió en los brazos de la madre. Ella le acariciaba la cabeza y trató en seguida de quitárselo de encima.

—Pero, hijo, que no eres un bebé...

Y lo miraba con cariño y dureza al mismo tiempo, sin querer insistir, temiendo acaso averiguar la causa de su agitada irrupción en el cuarto. David no podía soportar por más tiempo la ansiedad y la zozobra de la duda.

—No soy un bebé —dijo entrecortadamente—. Ya sé cómo nacen los bebés y lo entiendo, pero quiero que tú me digas, que me expliques, cómo llegan ahí...

Señalaba el vientre de la madre, y sin saber por qué le vino a la memoria un fragmento del Avemaría: Bendito sea el fruto de tu vientre...

La bofetada le alcanzó la mejilla izquierda, pero el golpe lo sintió sobre todo en la nariz, que le quedó insensible, como adormecida. La madre escondía la cabeza entre las manos, y David, supo, reconoció, aceptó, que el amigo le había dicho la verdad.

Capítulo cuarto

I

Nueva York, abril 1959

Querido David:

Mi inglés mejora por momentos. Ya sueño en inglés. Hasta hace poco soñaba en español y casi siempre con Ibiza. No puedo hundir la isla ni el verano ni a ti. Afloras en mi sueño y en mil momentos de mi vigilia. Ahora empiezo a soñar en inglés, y hasta cuando apareces en el sueño tú me contestas con ese divertido acento cantarino, esa forma que tenéis los españoles, también los italianos y los griegos, de hacer melodioso y duro este idioma.

Ayer estuve en Connecticut. Una fiesta en casa de una pareja de compañeros, psicólogos los dos.

Bebimos mucho; nunca he visto beber como se bebe aquí. Te colocan una copa en la mano y sin darte cuenta esa copa siempre está llena, y tú bebes y bebes y la copa no se vacía... Imposible contar las que has bebido. Pronto la gente está alegre. Necesitan animarse de prisa, que no falle la fórmula, que funcione el mecanismo. Todo en marcha; la máquina de la risa, la del amor, la de la música. En seguida un hombre empezó a cantar. Se le unió una mujer. Cantaban canciones del Oeste, sentados en una mesa, se pasaban el brazo por los hombros y sonreían. La fiesta había empezado temprano, y por la fachada de cristal del salón se filtraba una luz verde, el resplandor del bosque que rodea la casa. Un bosque exuberante, aparentemente impenetrable, pero que acoge en su espesura muchas casas, ocultas unas de otras. Los dos niños de la casa se fueron a jugar, descalzos, por el bosque. Me asustó verlos correr, contentos y felices, ajenos a los peligros que yo imaginaba: serpientes al acecho, espinos gigantescos, trampas dispuestas para atrapar fieras. Porque aquí todo tiene una estremecedora dimensión de continente recién descubierto, no explorado, no medido, brutal y nuevo y silvestre todavía.

Quizá estos niños descalzos que se pierden entre los árboles han olvidado el miedo; han nacido a la orilla del misterio y conocen lo que puede encontrarse en la quietud de la maraña.

Son los adultos, me decía a mí misma, los que aún esconden en los caminos de su sangre miedos antiguos, transmitidos por padres y abuelos.

La tarde iba cayendo sobre Connecticut y el silencio de América descendía de un cielo tapado por los árboles.

Había cesado el lamento agridulce de la pareja que cantaba.

Ella reía ya en brazos de otro hombre, y él se acercó a mí para decirme si en París, verdaderamente, sucedía que las costumbres eran tan libres, y trató de descubrir si yo misma estaría dispuesta a demostrarle cómo, de qué manera se amaba en Francia.

En ese instante la mujer vino hacia nosotros completamente borracha y empezó a insultarle, y él, recuperado el dominio de sí mismo y de la mujer que al parecer era su pareja, hizo un gesto con las manos extendidas, abanicándolas con suavidad arriba y abajo, para pedir a todos calma. «Déjenla —dijo—, déjenla llorar, está llevando tan bien su análisis...» Los compañeros volvieron a sus risas y sus copas, y yo me fui alejando de los dos mientras ella gritaba cosas que yo era incapaz de comprender, frases cortas, palabras sincopadas, sonidos, murmullos. Él la tenía sujeta por los brazos y le hablaba en voz baja, y poco a poco la fue amansando hasta dejarla desmadejada y derrumbada en un sofá cercano.

Te lo cuento porque éstas son las cosas que aparecen cuando se resquebrajan las máscaras. Estas personas que trabajan conmigo durante la semana son serias, rigurosas, inspiran confianza, la merecen y la profesionalizan. Y luego, los sábados se emborrachan, tropiezan entre ellos, intercambian fantasmas y turbias soledades, buceadores sabios al servicio de otros que se ahogan en sus propias aguas sin fondo.

Los niños regresaron y era de noche. Pasaban por encima de los adultos desmoronados y se dirigieron a las escaleras sin mirar atrás. Cuando alcanzaban el último tramo, se abrió una puerta arriba y pude ver que de una habitación salía la madre con un invitado aferrado a su cintura. Los niños rieron y dijeron: «Buenas noches, mamá.» Ella no los veía ni oyó sus palabras. Le brillaban los ojos y bajó las escaleras sujetándose al pasamanos, siempre con el hombre colgado a su cintura.

De pronto descubrí al marido, sentado en un escalón que marcaba las dos alturas de la sala. Tenía la cabeza entre las manos y decía: «Oh, no, no, no.» Nadie le hacía caso, nadie se preguntaba por el sentido de aquella negación.

Cuando la fiesta terminó, todos dieron las gracias y se arrastraban vacilantes, en retirada hacia los coches como guerreros destrozados y gloriosos después de la batalla. Hoy me he levantado tarde, con el más terrible de los «hang-over». Pero es domingo. Pienso en ti y te escribo, y me apena que no estés cerca, aquí, al alcance de mi resaca y de mi primavera solitaria.

Un beso,

Annick.

II

Un perro ladró en el jardín. Genoveva prestó atención durante unos segundos. El ladrido no se repitió. Por las ventanas abiertas entraban al salón los aromas de junio: césped cortado, madreselvas, pinos de la sierra cercana. No era tarde, pero el silencio ya tenía la consistencia de la madrugada.

—¿No vas a estar aquí demasiado sola? —preguntó Julián.

Genoveva no había vuelto a hablar desde que hacía un instante expresara la sorprendente y para Julián desconocida noticia de que existía un dinero más importante que el conseguido por David en años de trabajo real, supuesta lucha, aparente esfuerzo. Un dinero que la familia de Genoveva les había entregado desde un principio y con el cual Genoveva había comprado esta casa, el lujoso silencio que se extendía por el parque fresco a una hora en que el calor y la sequedad desprendían vaharadas de sed en el asfalto de la ciudad.

Por gracia de ese dinero, David se había instalado en el puesto preferente que ocupaba al morir: el primero en la empresa, el primero en la mesa familiar, el primero en la vida de Genoveva...

—Nunca he tenido miedo —dijo Genoveva, contestando a la pregunta de Julián.

Y él estaba seguro de que era cierto. «Porque el miedo es una mezcla de imaginación e inseguridad, y ella es incapaz de imaginar algo que no esté viendo o pueda ver si pone los medios necesarios. En cuanto a la inseguridad que arranca del confuso laberinto de la infancia...»

—David viajaba mucho —siguió diciendo Genoveva—. Pasaba muchos días fuera de casa; incluso cuando los niños eran pequeños. Era su trabajo, desde luego...

No era una queja; era, como todo lo que ella decía, una rotunda aseveración.

«No es fácil imaginarla perdida en los corredores fantasmales de la infancia. Nunca ha tenido miedo a los pequeños ruidos, los roces misteriosos, las brisas que mueven los visillos en las noches más calmas.» Es cierto: nunca, en las largas ausencias de David, sola en su dormitorio o abajo en el salón, mientras los niños, el jardinero, el ama, dormidos todos apenas suponían compañía o apoyo, nunca, había dicho Genoveva, sintió miedo. Porque sabía que su lugar en el mundo estaba protegido y que un solo movimiento, un toque del timbre al alcance de su mano, una llamada al teléfono mudo, pondrían en pie de guerra a los fieles servidores de su casa, su casta, su irreductible privilegio.

—Miedo nunca —repitió Genoveva—, pero sí me doy cuenta de que esta casa con la marcha de María va a volverse muy grande para los que quedamos...

Insistía en informar, dar cuenta; afirmaba con objetividad, pero a Julián le pareció advertir por primera vez en la noche una vacilación levísima, una ligera duda en las últimas palabras pronunciadas. «Es mucho más que miedo —pensó Julián; y regresó a la sensación que le había impulsado a aceptar otra taza de café, a prolongar un rato la charla deshilvanada, la sucesión de frases arrojadas al azar, flotando caprichosamente por el ámbito espacioso del salón—. Es pánico, estupor ante la apreciación de su derrota. Porque nadie le había dicho que podía ser vulnerada su gallardía, desmoronada la muralla que la guardaba desde su nacimiento de los peligros habituales en las gentes vulgares, torpes sujetos merecedores de todo sufrimiento. Quizá por primera vez se reconoce desguarnecida y desvalida y pobre.»

—Cuando yo era niña... —dijo de pronto Genoveva, y Julián sintió un ligero sobresalto porque no estaba preparado, no podía suponer que Genoveva fuera a introducirle en el recinto de las confidencias—. ... pasaba temporadas en la casa de mis abuelos. Era mucho más grande que ésta y tenía un jardín que llegaba hasta el mar. Mi cuarto estaba arriba, en la buhardilla. Por la noche me asomaba a la ventana y miraba las olas y la playa vacía y pensaba: todo ese mar, el agua y la arena, todo debe ser del abuelo...

Mientras hablaba, Genoveva se había levantado, y sin preguntar fue vertiendo en dos vasos generosas cantidades de whisky. Dio uno a Julián, dijo: «¿Con hielo?» y siguió hablando:

—«Demasiado grande, no la puedo soportar», dijo mi madre cuando murieron los abuelos. Y la vendió.

Julián se tranquilizó. Se trataba una vez más de prolongar la noche. De nuevo el retroceso al poderoso pasado, a la posesión segura de las cosas. También el mar de la infancia le pertenecía, y Genoveva lo contaba serena, fríamente, insistiendo en la pulcra exposición de los hechos. Ni una nube de melancolía, ni un temblor en el recuerdo... Una brisa ligera y fría entró por la ventana y Genoveva se estremeció.

—¿La cierro? —dijo Julián.

Ella negó con un movimiento de cabeza. La copa estaba vacía en sus manos y ahora sí, ahora le brillaban los ojos, se empañaba la mirada, pero las lágrimas no brotaban, «porque ni la capacidad del alcohol para disolver los remolinos de la congoja es suficiente —pensó Julián— para aplacar esa soberbia vigilante, para ablandar esa furia producida por el desastre...»

—Nunca me hacía caso —dijo Genoveva. Y Julián sabía que hablaba de David—. Nunca quiso cuidarse, descansar, beber menos, fumar menos.

Las lágrimas seguían controladas, no aparecerían en presencia de otros. Pero había un leve espasmo, una nota de pesar en la voz.

—Nunca pensó en sus hijos. No le importaba dejarlos solos, tan jóvenes aún...

«No es una confidencia, no es un dolor que se desborda arrasando riberas; es una acusación y un ataque», descubrió Julián. Las palabras lo golpeaban, y sintió que iban dirigidas a aquella parte de David que habitaba en él, a aquel pasado alegre a que había hecho alusión el hijo pequeño. Le pareció que él estaba ocupando el lugar de David; imaginó escenas semejantes entre ellos dos, David y Genoveva, noches de prolongados silencios, argumentos, cansancios, reproches crueles... Otra vez la sensación de vacío que le había invadido durante la cena, el desolado conocimiento de lo absurdo de su presencia en esta casa, le embargó. Pero una cosa estaba clara entre los dos, y era que él, Julián, ocupaba en este instante la atención devastadora de la mujer. Su respuesta al ataque tuvo un tono opaco, hasta le pareció que tenía el timbre de la olvidada y lejana voz de David. Como él hubiera hecho, como él seguramente se hubiera defendido, Julián replicó:

—Creo que no es como tú dices. Creo que no tienes razón...

III

El vagón tenía un cartel con letras negras colgado en un costado. Decía: MADRID. La máquina resoplaba vapor sucio; olía a carbón húmedo, a lluvia impregnada de humo, a hojas podridas. David miró a su padre, que les hacía recomendaciones desde la ventanilla del vagón.

—Mientras yo esté fuera, ya sabes, Joaquín se ocupará de todo —insistió, dirigiéndose a la madre. Luego se volvió a él—: Y tú, a ver si estudias y obedeces a mamá...

Era una costumbre del padre repetir muchas veces las cosas como si los que le rodeaban no acabaran de entenderle o diera por supuesto que nunca estaban atentos. O quizá temía que su presencia fuera tan necesaria que al marcharse debía dejarles arropados con sus advertencias, cotas de malla barnizadas con la esencia misma de su protección. David percibía esa actitud responsable y sofocante del padre, y su respuesta era una mezcla de rebeldía y asentimiento. Ahora, cuando el pitido del tren anunciaba la partida y los vagones empezaban a agitarse pesadamente, un nuevo sentimiento, desconocido, le trastornó. El padre los abandonaba, se alejaba de ellos. Por vez primera la geometría familiar se deshacía y ellos quedaban desfondados sin la base del triángulo, reducidos los dos a un simple ángulo, «dos rectas convergentes en un punto», se recitó David. La imagen del triángulo era perfecta. Se le había ocurrido en la clase de Religión. Cuando el profesor dibujaba en la pizarra la figura con la que pretendía representar el misterio de la Santísima Trinidad, él solía pensar: Padre, Hijo y Madre, y el ojo que aparecía en el centro se lo adjudicaba al Padre, vigilante perpetuo y cuidador amoroso del triángulo.

Por eso ahora, cuando el padre desaparecía de su vista, arrebatado por el tren ruidoso y tambaleante, rumbo a Madrid —«capital de España, enclavada en el centro geográfico de la península»—, se sintió desvalido y los ojos se le llenaron de lágrimas. La madre le dio la mano y se la apretó con fuerza, y también ella, le pareció a David, se secaba disimuladamente el llanto. Al llegar a casa todo estaba vacío sin el padre y sin la promesa de que el padre llegaría más tarde dispuesto a cenar, charlar, exigir, acariciar, preparado para representar brillantemente su papel de columna vertebral del pequeño grupo.

Después de la cena, la madre le permitió quedarse más rato que otras veces, no le insistió para que se fuera a la cama como solía. «Me necesita —pensó David— para no estar tan sola.» Se sintió a la vez orgulloso y exigente, porque si era mayor para una cosa debería serlo para todas, y aprovechó para pedir:

—Mamá, déjame ir el domingo al puerto a esperar la llegada de la Vuelta...

La madre había asentido distraída, a pesar de que en ocasiones parecidas nunca había permitido que él se fuera tan lejos con su bici.

Por un momento saboreó la gozosa sensación de ser adulto, participar de aquella serie de pactos, condiciones, entregas y renuncias que marcaban la vida de los mayores. Paladeó el placer de poseer algo valioso que ofrecer y algo valioso que reclamar.

«Me quedo y te acompaño, pero a cambio tienes que darme...»

Volvió a pensar en el padre, perdido por los caminos nocturnos de la meseta, y repasó los preparativos de aquel viaje.

—Tengo que ir —había dicho el padre cuando recibió la carta del cuñado—. Tengo que ir y veremos cómo está aquella gente...

Los primos y los tíos, quería decir. La madre se resistía, pero él no se dejó convencer. David oía retazos de discusiones.

—Es mi hermana —había sido el último argumento irrebatible del padre.

Solicitaban su presencia porque era el hermano mayor, el árbitro, el testigo y también el jefe de la familia desde que murió el abuelo.

Sobre la mesa, abandonado, estaba el periódico del día. David lo cogió y lo abrió por la primera página... «... no estamos dispuestos a tolerar la injerencia de países extranjeros...».

Pasó las hojas y buscó la cartelera. También aquí podía encontrar algo apetecible, negociable. Se arrellanó en la butaca del padre y estudió la corta lista de películas recién estrenadas. La madre tejía su crochet interminable y permanecía silenciosa. Había olvidado su obligación de formularle las preguntas del padre:

—¿Has hecho los deberes? ¿Qué tal va ese latín?

Fue David quien preguntó:

—¿Cuántos días estará papá en Madrid?

—No lo sé —contestó la madre. Y suspiró.

David la contempló severamente. Su propia debilidad, la congoja de la despedida en la estación, habían desaparecido diluidas por el descubrimiento de los privilegios. Vagamente consideró las diferencias entre ser hombre y ser mujer.

«Ellas son más cobardes», se dijo.

Con un tono sereno y firme, se dirigió a su madre:

—Anímate, mamá. No es para tanto. Verás qué bien nos las arreglaremos...

Capítulo quinto

I

Nueva York, mayo 1959

Querido David:

Tu última carta me ha desconcertado. Todo son reflexiones en torno a la política de tu país. Me sorprende verte tan metido en actividades clandestinas. Yo trabajo mucho y muy a gusto. He pasado la semana asistiendo a una experiencia nueva para mí: el psicodrama. Lo dirige el profesor Moreno, que, por cierto, no es español ni habla tu idioma. Me apasiona esta técnica. Imagínate que nosotros dos tomamos parte en una sesión. Se trata de proyectar, representándolos, nuestros más escondidos conflictos personales. «Yo soy así y traslado mis problemas a nuestra relación. Nuestra relación me afecta a su vez y me convierte en el ser problemático que soy.» Bien, empecemos. Hablan David y Annick, sentados frente a frente.

David. No voy a América, no me esperes, no puedo; tengo cosas muy graves que resolver aquí.

Annick. Debes venir. Aprende a investigar; vuelve cargado de ideas nuevas, de nuevas experiencias...

David. No puedo. Estoy luchando por que volvamos a ser libres. Hay mucho que mover, mucho que derribar, hay que llevar la lucha al último rincón de España...

En este punto de la representación se cambian los papeles. Yo hablo en tu lugar, yo soy David, y tú hablas en el mío, tú eres Annick.

David (no olvides que soy yo quien habla). Además, no es cierto que yo quiera ir a América. He encontrado un trabajo, me pagan, algún día formaré parte del equipo de investigación; no necesito ir, no quiero dejar sola a mi madre, no me atrevo a perder mi trabajo...

ANNICK (tú estás haciendo mi papel). Yo soy francesa y, por tanto, soy libre. Me gustas, he vivido un verano en tus brazos, me resisto a perderte. Debes venir porque te necesito y, además, debes reforzar tu título. No vienes, como yo, de la Sorbona...

DAVID (yo). Eres francesa, pero no superior. Te niegas a entenderme. No quieres admitir que hay circunstancias que están muy por encima de la ciencia. Me necesitan aquí y voy a quedarme aunque renuncie a mi futuro...

ANNICK (tú). No es cierto. Tú te quedas porque eres un cobarde. Te justificas con tus actividades políticas, escritos, reuniones, conspiraciones de café, tertulias de rebotica como las de tu padre en la provincia. Estás perdido, David...

Al llegar a este punto, detrás de nosotros aparecen unas personas que permanecen de pie. Son nuestros «ángeles» y van a hablar en nuestro lugar. Ellos darán nuevos giros a los personajes, a las situaciones que han surgido, los puntos dolorosos que han revelado nuestras intervenciones...

El proceso se complica más y más; es todo un juego de personas, papeles, gritos irreprimibles, confesiones... No importa. Sabes que no me gusta darte la lata con mi trabajo.

Lo que ocurre es que tu carta me ha dejado inquieta. No hablo de tus planteamientos generales; sabes que los comparto. Pero estoy libre de emociones viscerales por la doble lejanía del espacio y de mi condición de extranjera. Y me preocupo de ti. No se trata de tu seguridad, sino de tu pérdida de rumbo. Temo que estás buscándote salidas nobles pero falsas, porque tú, no te engañes, eres un *dilettante*, un señorito que juega a derribar tiranías. Los revolucionarios están hechos de otra materia, de otra cabeza y otro corazón. Y tienen un coraje específico que nunca he visto en ti. Hace ocho meses, en Ibiza, te reíste cuando yo te dije: «Si yo fuera española me hubiera echado al monte con los maquis, hasta el último tiro...»

Te reíste y luego te pusiste serio y dijiste, bebiéndote hasta el fondo la copa que tenías en la mano: «Era una guerra perdida.» «Era tu guerra», añadí yo. Y cada vez más serio, molesto con la intrusa que rozaba tu conciencia, declaraste: «No es tiempo ya de tiros ni emboscadas. Trabajaremos para que algún día nuestro relevo se produzca de modo natural. Seremos hombres preparados en nuestras profesiones, inocentes y limpios. No era mi guerra, Annick. Yo era un niño en la cuna cuando empezó...»

¿Has cambiado tan profundamente en estos meses? Yo no lo creo. Por eso temo que te desvíes en luchas de papel que tú conviertes en batallas feroces. Perdona. Me ha salido un confuso psicodrama, un sermón, un reproche.

Busca algún hueco en tu vida y contéstame. Admito furiosas réplicas, gritos e insultos.

Un beso,

Annick.

II

Ahora sí era tarde. Julián buscó algún signo que pudiera indicarle la hora aproximada, pero no lo encontró. No había relojes a la vista, y tampoco llegaban los rumores externos que en las ciudades marcan bajas y altas mareas, ritmos de somnolencia o de agitado despertar. Era difícil calcular las horas que habían pasado desde el momento en que los dos se quedaron solos. El silencio, sólo turbado por los ladridos esporádicos del perro en el jardín, y la pasividad de Genoveva los transportaban noche adelante. Ya ni siquiera deseaba marcharse, abandonar a la mujer lejana e irritante; también él resbalaba en la plana lasitud de un tiempo sin fronteras. Era como estar tumbado en una pradera, contemplando un cielo gris y liso, sin nubes que anunciaran por dónde iba a salir el sol. O como flotar de espaldas en un agua tranquila, dejándose llevar, sin sentir, mar adentro...

Percibiendo quizá la misma imprecisión en el paso del tiempo, Genoveva murmuró:

—Es tarde —y añadió—: Hace frío.

Julián se levantó y cerró la ventana y se quedó de pie, como esperando que ella también se levantara dando por terminada la sobremesa, la velada, la larga compañía que habían mantenido sujeta entre sus dedos como un mantel que se extiende en la hierba.

Pero Genoveva no se movió. El salón cerrado había recobrado instantáneamente el calor que la brisa nocturna despejara. Reanimada, irguió la espalda y la apoyó con firmeza en el sillón.

Julián volvió a sentarse y sintió el cansancio posado sobre sus hombros, la densa amenaza del calor cerrándole los párpados. «No me puedo quedar dormido... Mejor decir: es tarde y creo que voy a dejarte...» Pero tampoco parecía fácil porque Genoveva, con la astuta artimaña de los que quieren prolongar los encuentros, había lanzado al aire la propuesta infalible: «Hablemos de ti un poco, iniciemos tu turno...»

—¿Qué tal la galería? —dijo—. Porque cambiaste el bar en galería de arte, ¿verdad?

«No le importa, pero quiere retenerme, quiere que continúe ante ella ocupando un espacio vacío, eso es todo...»

—La galería no va bien, pero sigue... —dijo.

—¿Te da dinero? —preguntó Genoveva, y esperó con una chispa de codicia en los ojos.

—Nada que yo haga dará nunca dinero —fue la respuesta de Julián.

Y el cansancio aumentó sobre sus hombros.

—Pues el arte yo creía que sí era buen negocio —insistió Genoveva.

—Para ganar dinero con el arte hay que apuntarse al mundo de los ricos —dijo Julián—. Pero yo siempre juego con perdedores...

Se arrepintió de haberlo dicho. Quiso rectificar, volver a tierra firme.

—Los artistas, como los sabios..., todos mendigos —dijo—. Creo que David hizo bien retirándose a tiempo.

«Mejor estar de acuerdo, mejor no desatar guerras entre los dos.»

—David se engañaba —dijo Genoveva. Un matiz de dureza se había añadido al tono metálico habitual en su voz—. David no había nacido para sabio —continuó—.

No le gustaba investigar. Le gustaba el dinero, puedes estar seguro...

«Se defiende. Se cree atacada y se defiende. Pero no quiero luchar —observó Julián desde el fondo de su agotamiento—. No puede haber victoria ni derrota si el botín es un muerto.»

No obstante, igual que un rato antes, cuando se sintió maltratado y creyó advertir que Genoveva desviaba hacia él toda la ira que otras veces probablemente dirigiera contra el propio David, no pudo evitar la discrepancia.

—No estoy de acuerdo —dijo.

Con lo cual volvía a abrirse paso la contienda que ella deseaba provocar o que aun sin ella desearlo se levantaba a rachas airadas entre los dos.

—Tú no conocías a David... —dijo Genoveva.

Sorprendentemente, la respuesta llegaba apagada, sin el menor deseo de avivar la discordia. Genoveva parecía vencida, no por él, sino por su propio descontento; defraudada por el final de un capítulo de su historia.

En el piso de arriba se abrió una puerta y unos pasos se deslizaron sobre la madera y se detuvieron luego. Julián estaba de espaldas a la escalera y no podía ver. Genoveva no levantó la cabeza, absorta en sus borrascas interiores. Al poco tiempo, los pasos retrocedieron y la puerta se cerró.

«Han visto luz —pensó Julián—; uno de los chicos ha visto luz y se ha asomado a ver qué sucede en el salón, por qué la madre continúa aquí abajo o simplemente no podía dormir y pensó buscar algo en la cocina, y al vernos frente a frente, todavía reunidos, ha esperado, sin decidirse a descender o queriendo saber de qué charlamos...»

Genoveva parecía abatida. La noche dibujaba en su cara nuevas arrugas ocultas antes en una piel que se mantenía estirada y suave en la tensa serenidad del rostro.

«Debería dormir, tratar de descansar, ahora que ha bajado la guardia y está exhausta», se dijo Julián. Luego empezó a preguntarse quién sería el insomne, quién entre los tres hijos esperaba a su madre hasta oír sus pasos escaleras arriba.

Fue entonces cuando Genoveva, que parecía haber ignorado los pasos interrumpidos, concentrada como estaba reuniendo razones para justificar su afirmación «Tú no conocías a David», abandonó su silencio y dijo:

—Es el pequeño. Nunca se duerme hasta el amanecer...

III

El vendaval venía del Sur. Había arrancado tejas inseguras en los viejos tejados, agitaba los árboles con furia y desgajaba ramas vigorosas. A rachas, la lluvia acudía en ayuda del viento. Era febrero, martes, las nueve de la noche, pero parecía mucho más tarde. Por las calles oscuras se deslizaba de vez en cuando una sombra inclinada, esquivando de costado el empuje del Sur. Parpadeaban las farolas, y justo al poner el pie en el portal la luz se fue del todo. David entró de prisa, buscó a tientas el primer escalón y gritó:

—Lucía, ábreme...

Subió las escaleras sin soltar el pasamanos y la puerta se abrió en el primer piso y el temblor de una vela encendida le recibió.

—Sube, sube —dijo la chica que sostenía la vela—. Qué horas, David, con esta noche...

David alcanzó jadeante el umbral de la puerta, y al entrar se quitó el impermeable mojado y las botas húmedas y los dejó tirados en el vestíbulo. Al final del pasillo, en la sala, atisbó una llama vacilante.

—Tengo otra vela allí, junto al teléfono. Por si llaman... —dijo Lucía.

David se fue a la sala y se sentó enroscado en la butaca junto al radiador.

—¿Quieres cenar? —gritó la chica desde la cocina.

—Bueno —dijo. Se acercó al balcón y levantó un poco la cortina y luego el visillo, pero no vio nada, sólo las gruesas gotas brillando en los cristales al resplandor débil de la vela. Las casas de enfrente eran una masa negra, desaparecían fundidas en el cielo, sin perfiles ni límites.

Lucía entraba con la cena en la bandeja y la colocó a su lado, en una mesa baja.

—¿Qué has hecho? ¿Dónde has andado? —preguntó.

David estuvo a punto de decirle: «¡A ti qué te importa!» Pero se contuvo, porque era mejor ser amable si quería tenerla de su lado.

—He ido al cine... Al Imperial —aclaró.

La chica no se iba; seguía de pie, mirándolo con expresión de asombro.

—Al cine, estando así tu abuela... —se extrañó.

David sintió otra vez deseos de gritarle: «¡A ti qué más te da, qué te importa mi abuela!...» Pero volvió a callarse, y por primera vez en toda la tarde se puso a pensar en la abuela.

La excitación de la escapada, el fragor de la batalla en la película, prolongado al salir con el bramido de la tormenta, la carrera hasta casa con el viento y la lluvia y la oscuridad golpeándole la cara, le habían mantenido alejado de lo que al parecer se presentaba como un acontecimiento inmediato: la muerte de la abuela.

Muy temprano, los padres lo habían despertado, advirtiéndole:

—Al salir del colegio, en seguida a casa...

Y habían partido apresurados hacia el pueblo donde vivía la abuela recluida en una casa de campo donde solían pasar los veranos cuando David era muy niño.

La abuela estaba enferma y lo sabía. Pero eso no era raro, porque las abuelas de todos sus amigos estaban igual, viejas o enfermas, y algunas ya habían muerto.

Mientras cenaba, David trató de imaginarse la muerte de la abuela, su desaparición, el hundimiento físico de su cuerpo en la tierra. Luego pensó en lo que significaría su vida sin la abuela, la forma en que su muerte iba a pesar sobre él. Recordó que hacía poco tiempo, cuando cumplió doce años, ella le había enviado dinero, como siempre. «Como nunca más», precisó.

También en Nochebuena le daba dinero. Iban a visitarla por la mañana, pero regresaban para cenar en casa, solos los padres y él. Eso era todo lo que quedaba de la abuela, lo que aún gravitaba sobre la verdadera familia que eran ellos tres.

Comprobó que la ausencia de la abuela no alteraba sus vidas para nada; tuvo conciencia inmediata de que la existencia de la abuela no les añadía nada fundamental. Hubo un tiempo en que la sola idea de tenerla cerca, el anuncio del viaje hasta su casa, era una promesa de historias fantásticas y caprichos satisfechos; una alegre compensación a las austeridades de los padres. Los regalos de la abuela eran verdaderos regalos porque no significaban premio ni aliento ni solicitaban compromisos. Eran graciosas confesiones que la abuela justificaba murmurando: «Eres mi único nieto...»

Mamá lo sentiría. O no tanto. Pocas veces iba a verla, hablaba poco de ella. Estaba claro que la abuela ya no era necesaria, pero de todos modos era triste que desapareciera y se llevara consigo los alegres veranos del pasado.

Cenó con ganas y siguió pensando en la muerte. «La ventaja es que llega cuando eres viejo —se dijo— y no te enteras ya de lo que pasa alrededor.» Lo había oído muchas veces: «Para vivir así, mejor morirse.» Y necesitaba creerlo ahora que la abuela iba a marcharse para siempre. Necesitaba asegurarse de que nada la retenía aquí, tan vieja y tan enferma y tan ajena a todo.

La luz no regresaba y por las ventanas mal cerradas entraba el silbido del viento.

—Vaya una noche —dijo la chica, que había acabado por sentarse a su lado.

«Cerrar los ojos —decía el cura en la Misa del colegio— y estaréis contemplando la noche eterna. En ella viviremos sepultados hasta el día glorioso de la Resurrección...»

Sonó el teléfono. La chica adelantó la mano para cogerlo, pero David le arrebató el auricular.

—¡Mamá —dijo—, mamá!...

La voz de la madre se oía lejos, a veces se desvanecía y llegaban cortadas las palabras... Mañana... el entierro... el tren de la noche...

—¡Mamá —gritó David—, no hay luz!...

David esperó un tiempo, pero la voz no volvió a oírse.

—La abuela ha muerto —dijo David. Y colgó el teléfono.

La chica no dijo nada y se encogía cada vez más en el borde del sillón.

—¿Rezamos? —preguntó en voz baja.

—No —dijo David con el tono severo del padre—. Si quieres, vete a la cama —añadió.

La chica no se movió y él se lo agradeció, aunque no dijo nada. «La abuela ha muerto», se repetía a sí mismo; pero no tenía ganas de llorar. Desde el estómago hasta la garganta le subió un vacío doloroso. Cogió una manzana abandonada en la bandeja de la cena y la empezó a morder con ansia. Le dolían los dientes al hincarlos en la carne ácida.

Capítulo sexto

I

Nueva York, julio 1959

Querido David:

Estás celoso. Te he dicho que me voy a Oregón con Dan y estás celoso. A veces pienso que no entiendes nada de lo que yo hago o creo o siento. Te veo lejos, sumido en una vida mezquina. Siempre hablas de dinero, de lo que estás ganando, de lo que vas a ganar. Me preguntas cuánto cuesta un coche de segunda mano sólo porque te he dicho que viajaremos en el viejo Chevrolet de Dan. ¿Por qué rehúyes preguntarme cómo es Dan? ¿Por qué no te interesa saber qué piensan, qué proyectan, qué hacen de su vida estos chicos americanos que conducen, desesperados, coches potentes de segunda mano? Dan tiene treinta años. Es veterano de Corea. Le dan una pensión que le permite estudiar en la universidad y termina este año Medicina. Perdió tiempo en la guerra y quiere recobrarlo. Perdió tiempo y se dejó en las selvas jirones de sueño americano. Ha estado en tratamiento psiquiátrico. Lo conocí en Topeka, en una de las clínicas que visité. Ya estaba dado de alta, y el doctor responsable de su caso le invitó a un *party* al que yo también estaba invitada. Yo conocía su caso, había investigado sus pesadillas, los destrozos del sueño, la profunda pérdida de confianza en la solidez de la tierra que pisaba. Se hundía en el fango de América y trataba de agarrarse a los árboles, las ventanas, las torres, trataba de flotar en el aire para no pisar el suelo movedizo. Muchos en su caso no salieron y no saldrán nunca. ¿Por qué no me preguntas esas cosas?

Todos hemos surgido a duras penas de nuestras propias sacudidas históricas. Pero hay algo en esta guerra americana tan gratuito y estúpido... Ni siquiera pueden usar la permanente argucia de las guerras: «Defiende el propio suelo...» Parece que Dan se ha salvado, ha escalado el abismo con la ayuda de todos. Desde luego, no hablamos de estas cosas el día que lo encontré en la fiesta de Topeka.

Bebimos y charlamos de Nueva York y España.

Él quiere pasar una larga temporada en España. Participa del entusiasmo por el mito en que la guerra civil convirtió a tu país. También participa de la mala conciencia que aún conservan algunos por esa guerra romántica y perdida. Por cierto, ya no me hablas de política. ¿Sigues enfadado? ¿No quieres insistir en lo que, según tú, no entiendo? ¿O has dejado la lucha olvidada a una orilla?

Dan y yo hablamos de España. Y también de Nueva York, su ciudad, a la que está a punto de volver. Ya está aquí y nos vemos y vamos a pasar juntos el verano, parte en el camino y parte en la costa de Oregón, donde él tiene una vieja cabaña que heredó de un pariente.

Te lo cuento y lo único que me preguntas es si tiene dinero, en qué trabaja, cuánto cuesta su coche. No te has atrevido a preguntarme si me ha besado, si pensamos domir juntos o si ya lo hacemos...

Pienso que estás celoso. Puedo entenderlo. Pero me asombra que te hayas vuelto, que te estés volviendo mezquino. Despierta, por favor, regresa a Ibiza, regresa al último verano. Eras libres, no temías al futuro, no creías en las metas pequeñas que disminuyen la potencia del correrdor. Decías: «El puerto lejos.» Y ni siquiera has embarcado. Decías: «Lo que me gusta de ti es que no me atas, no me pones delante una barrera que tengo que escalar para alcanzarte.» Y no tienes la generosidad de aceptar que estoy a gusto con Dan y voy a estar con él no sé hasta cuándo, no sé siquiera si llegaremos a Oregón. Estoy contenta a su lado. Me conmueve su desamparo de chico fuerte, su desarraigo esencial, su perfecta comprensión del presente como un tesoro acongojante. Creo que yo le doy seguridad; no puedo evitar sacudirlo con mi vieja costumbre de racionalizarlo todo. Te estoy diciendo más de lo que preguntas. Me informaré del precio de los coches usados. A lo mejor eso te anima a seguir insistiendo con la beca. De todos modos, me tranquiliza saber que hay en marcha un proyecto de investigación en tus laboratorios. Háblame más de todo eso y menos de Dan; háblame de tu grupo de políticos, háblame de Julián. No sé absolutamente nada de él; cuéntame algo. Tú sabes, no lo habrás olvidado, que eres desgarradoramente *mon homme*, y también sabes que *je t'ai tellement à la peau...*

Un beso,

Annick.

II

Amanecía. Se anticipaba el día con una apagada transparencia de cristal sucio. Julián sintió que todo estaba oscuro y turbio en su torno. La incierta claridad exterior disminuía la luz de las bombillas, pero era sobre todo la desaparición de Genoveva lo que le producía esta impresión de penumbra. A lo largo de la noche la había tenido enfrente, encerrada en el círculo de luz que descendía de la lámpara detrás de su butaca, un tallo largo y dorado a cuyo extremo vacilaba la pantalla de moaré color geranio. El círculo se deslizaba ahora por el respaldo del sillón, y Julián se dio cuenta que el delicado filamento luminoso magnificaba su esplendor cuando se reflejaba antes en Genoveva. Brillaba el oro de sus cadenas, tendidas sobre el suave marfil del traje de seda. Resplandecían los diamantes hundidos en el lóbulo de las orejas. Refulgía en su mano el solitario al menor movimiento. «Sólo la piel y la mirada están gastadas, opacas», pensó Julián.

Una fatiga dolorosa recorría su cuerpo. No era éste el trasnoche de otras noches de su vida, alegre o violento o desesperadamente triste. Estaba siendo el recorrido ciego, el paso sordo de los minutos en un reloj de arena. La noche entera tenía que pasar, grano a grano, por la garganta de cristal, y en medio de la noche ellos dos, prisioneros del mismo nudo sofocante, contemplaban el trasvase total del tiempo. Con gran esfuerzo Julián se levantó y miró a su alrededor. Por vez primera se fijó en una mesa de caoba situada en un rincón. Era ovalada, y su única pata se remataba con una triple garra tallada. Sobre ella reposaban marcos de diferentes formas y alturas. Lentamente se fue acercando hasta la mesa, junto a la ventana, y fue suficiente la luz que entraba, débil todavía, para ver las fotografías, unas antiguas y borrosas, claras y cercanas otras, que encerraban los marcos.

La calidad del papel y la nitidez de la imagen iban marcando el paso del tiempo retenido por las cámaras. Allí estaban David niño y Genoveva adolescente, y los dos juntos jóvenes y hermosos pero serios y desafiantes, o quizá era sólo la luz del flash que endurecía su juventud y su belleza. Allí estaba David con los hijos, David con el perro y un último David desconocido con una sonrisa prematuramente envejecida y amarga y un poco torcida.

A sus espaldas sonó la voz de Genoveva. Había dejado la cafetera con el café recién hecho sobre la mesa y se acercaba sin que él hubiera oído sus pasos apagados por la moqueta.

—Mira esa foto —dijo.

Y señaló lo que parecía una ampliación ligeramente oscurecida. Era un grupo de jóvenes, y entre ellos pudo distinguir a David al fondo. Vestían cazadoras, y las bufandas les colgaban sobre las camisas entreabiertas. Parecían unidos por un fervor alegre y fresco de muchachos comprometidos en un mismo empeño: a punto de emprender una escalada, una navegación o un sacrificio.

—Fíjate bien —insistió Genoveva—, pertenece a la época política de David... Entre esos que ahí ves, pronto habrá algún ministro...

—No los conozco —dijo Julián.

—Tú seguías en Ibiza por entonces —contestó Genoveva.

Le pareció a Julián que anidaba un reproche no aclarado en la respuesta. ¿Quería decir: en Ibiza y no comprometiéndote? ¿O bien: tú estabas en Ibiza, lo cual es menos malo que andar por ahí jugando a la política?

Una vez más cayó en la trampa de la réplica. De nuevo se sintió obligado a llevar la contraria a la mujer reticente y heridora.

—David —dijo— tenía ideas claras desde muy joven en cuanto al país y el Gobierno. Me imagino que en algún momento necesitó hacer algo para demostrarlo...

Genoveva había vuelto a refugiarse bajo la lámpara bruñidora; aparecía orlada por los pétalos que remataban la pantalla, y la línea de sombra limitaba, ondulante, el espacio de luz sobre su pecho.

Enmarcada como un retrato vivo, su voz vibró en una escala de iras al afirmar:

—Eso es precisamente lo que David no tenía: ideas claras.

«Es como un diamante —pensó Julián, cegado por el brillo de sus joyas—, un diamante tallado y valioso, difícil de cortar, no rayable, no herible, no manchable; ella es...» Tuvo que hacer un esfuerzo para abrir los ojos, porque los párpados se le cerraban y era absurdo dormirse cuando se acercaba el final de la noche y ya entraba por la ventana el primer rayo de sol, que fue a estrellarse, convertido en todos los colores del arco iris, contra el solitario que se agitaba en la mano de Genoveva.

III

Estudiaba francés. Aprendía de memoria largos párrafos del libro de lectura porque, decía el hermano profesor, los textos que se aprenden quedan depositados en la memoria para siempre y en ellos se encierran gran parte de las construcciones, giros, dificultades del idioma. David estudiaba con afán: *Málaga c'est une ville de très ancienne fondation; ce sont les Fenices les premieres qui la batîrent...*

Por las páginas del libro bailaba la luz del Sur. David había oído hablar de Málaga a uno de los amigos de su padre. «En el invierno —decía— allí vas sin abrigo. Una gloria sentarse en las terrazas de los cafés; una gloria esa luz que se te cuela entre las palmeras y los pájaros que cantan sin parar en la Alameda...» El padre se burlaba: «¿Por qué has vuelto a tu tierra si tanto te gusta el Sur?» Y el amigo, melancólico, no respondía. Por las brumas de la tarde norteña se filtraba en sus ojos, le parecía a David, el fulgor de Málaga.

«Lo que a ti te ocurre —decía el amigo, dando por terminada la nostalgia— es que no has descubierto el Mediterráneo...» Extrañamente David asoció Málaga, el Sur y las palmeras con *La Isla del Tesoro,* que leía de noche en horas prolongadas más allá del horario permitido. Tenía que tapar la rendija de la puerta con papeles doblados para que la luz no le delatase, y así y todo, alguna vez irrumpía la madre exasperada, arrebatando la luz y la lectura a un mismo tiempo.

...Elle est en face de la côte africaine et sur la fleuve Guadalmedina...

Por el día estudiaba en francés la Málaga del libro y soñaba la isla malagueña en una confusión de mapas y tesoros que viajaban juntos en la noche.

Un día dijo el padre: «Cuando mejore la situación haremos un viaje los tres juntos...», y David espontáneamente había gritado: «Descubriremos el Mediterráneo.» El padre asentía divertido, y la madre, que todo lo vivía con amargura, había apostillado: «La situación no va a mejorar nunca.»

Era una palabra terrible, la situación. Gravitaba sobre ellos con su amenaza, se cernía sobre el mundo con su negra cualidad de tormenta; mal, muy mal la situación. Estallaría un día o quizá mejoraría como esperaba el padre, quizá se disipara dejándoles vivir en movimiento: exploraciones, viajes, aventuras. Porque estaba claro que aquella palabra tenía un contenido estático. Derivaciones menos agresivas flotaban alrededor de David: «hay que saber *situarse* en la vida; muy importante estar bien *situado...*»

Sin duda tenía que ver con estarse quieto, colocado en un lugar seguro, al abrigo de todos los peligros. David reflexionaba.

«Robinson y el capitán pirata no tienen una buena situación. Se mueven demasiado, se trasladan de un sitio a otro, exploran, investigan parajes, cruzan islas y selvas...» Los héroes de sus libros escapaban a esa amenaza de futuro inmóvil: encontrar la perfecta situación y quedarse clavado en ella como un pájaro disecado.

Sin que ningún dato externo permitiera deducir que la situación hubiese mejorado, el padre, inesperadamente, anunció un día:

—Vamos a hacer un viaje.

Era domingo. Estaban comiendo, había sopa de pescado. Llovía. La madre había vuelto de misa calada hasta los huesos; el padre no había ido a la iglesia, como de costumbre. David en el colegio había comulgado, jugado un partido de fútbol en el patio... Y ahora el padre decía:

—Vamos a hacer un viaje.

—¿Adónde? —inquirió la madre sin dejar de comer.

—¡Al Sur! —saltó David, y miró al padre a través de la mesa.

El padre se limpió la boca con la servilleta doblada, bebió un poco de vino y dijo:

—No. Al Sur, no. A Madrid.

La madre siguió comiendo, tranquila y seria. Sin levantar los ojos del plato, preguntó:

—¿Tu hermana otra vez?

—Sí —admitió el padre, y añadió—: Me parece que es una buena ocasión para que David conozca Madrid y visite a los únicos primos que tiene.

La madre, sin alterarse, sin levantar la voz, sin dejar de comer, como si al detenerse perdiera el ritmo de una actividad irrecuperable, declaró entre bocado y bocado:

—Podéis ir los dos solos. Yo no iré.

El padre se levantó y dejó la mesa. A pesar de que había natillas de postre. A pesar de que había dicho al sentarse: «Tengo hambre.»

David dudó entre seguirle y apoyarle en su disgusto por el rechazo que la madre hacía patente cada vez que la hermana de Madrid era nombrada; o bien quedarse con la madre, equilibrando la balanza que el peso y la fuerza y el prestigio del padre desnivelaban a diario. Y, sobre todo, quedarse para terminar el almuerzo del domingo, porque él sí tenía mucha hambre.

Capítulo séptimo

I

Nueva York, setiembre 1959

Querido David:

Te devorarán. Los ricos te han atrapado y te devorarán. No protestes, no trates de decirme otra vez que es necesario participar en la vida social de tus patronos, esos amigos de tu tío que tan bien te han tratado en el trabajo. Eso no es cierto. Tú eres un excelente profesional. ¿Por qué van a pedirte, además, que vayas a sus fiestas, navegues en sus barcos, juegues en sus pistas de tenis?

A pesar de tus años en Madrid, sigues siendo un pequeño provinciano nacido a cien kilómetros de un mar que nunca has alcanzado. El mar de los veranos grises y la arena fina. El mar de los veranos azul marino y blanco y el yodo en la piel y los cimientos poderosos en que se asientan las villas de la playa.

Te veo por las noches en esa pérgola rodeada de hortensias que tan bien me describes, girando entre los brazos de una muchacha, mientras suena una música seguramente suave.

He escrito a Julián. Una carta triste. Hace un año que estoy aquí y han ocurrido muchas cosas, todas distintàs a las que imaginábamos. Es fácil contarle cosas a Julián. Tiene una forma acogedora de escuchar. Escucha como si te abrazara y pudieras quedarte entre sus brazos todo el tiempo que quieras. No tiene prisa y espera sosegado, porque sabe que no existe el tiempo. Me lo imagino muy bien en su bar. ¿Sabes que en Nueva York los *barmen* son los grandes confidentes? También desprecian el tiempo y saben escuchar. Sobre la barra se derrumba el cansancio, la soledad y el miedo de los hombres que confiesan su amargura...

¿Te gustó la tarjeta de Oregón? Esas focas eran nuestras vecinas. Vivíamos al lado de un mar violentísimo. Las playas largas y bordeadas de rocas albergan a estos dulces leones marinos. La casa de Dan es una cabaña de pionero, con un pozo al lado para sacar el agua a golpes de bomba como antes. Hay un *deck* de madera con mecedoras y un rosal silvestre que trepa por la barandilla. Al atardecer hace frío y hay que encender la chimenea. No existe un club en los alrededores, ni otra cosa que el pueblo donde viven los pescadores y donde cada día hacíamos la compra.

Me acordaba de ti; era fácil situarse en Ibiza y añorar su sol y el olor dulzón de las higueras y los almendros de nuestro huerto. Todavía conservo en la piel el color de ese verano. Todavía conservo en la memoria tu voz cargada de entusiasmos y de mensajes: «Hay que tener libres las manos, limpio el corazón y la cabeza.» Te veo ahora y me parece que estás «perdido en una selva oscura». Recuerda nuestro juego de Ibiza: «¿Qué es lo único que no pueden quitarnos?», nos preguntábamos. Julián dijo: «La libertad.» Yo dije: «La cultura, la capacidad de gozar profundamente de todo lo bello del mundo.»

Tú no dudabas: «La inteligencia», dijiste. Y en aquel momento no sabías, no te habías detenido a considerar o a protegerte del hecho de que la inteligencia no puede ser arrebatada, pero sí comprada.

Este verano no estabas en Ibiza como yo imaginaba. No me habías dicho que tenías planes diferentes. ¿Por qué ocultarlo? Fue de pronto, ya sé. Tu madre y la ocasión de frecuentar a los dueños del laboratorio, amables, generosos y tan hospitalarios. Espero que esa estrecha convivencia te haya dado ocasión para hablar de tus planes de trabajo y conseguir dinero para una investigación más seria. Me resisto a pensar que hayas dejado a un lado ese primer proyecto, el señuelo que te hizo renunciar a la beca y posponer el curso de doctorado.

Destruye mis fantasmas. Asegúrame que todo ha sido un espejismo pasajero. Vuelve a contarme cosas de tu grupo de rebeldes. Sé que era serio. No sé por qué tuve yo que burlarme indignándote. Tenías razón cuando me repetías la vieja declaración de principios: «Prefiero las cárceles de mi país a los hoteles extranjeros.» Estoy de acuerdo. Nada de exilios, por científicos que sean.

Escríbeme y dame buenas noticias de ti. Espero que persistas en dar una razón seria y profunda a tu existencia: política o trabajo o las dos cosas.

Apunta mi nueva dirección. Estoy viviendo con Dan desde la vuelta de Oregón. Y no olvides decirme, cuando me escribas, quién es Genoveva.

Un beso,

Annick.

II

—Recibirás la invitación —dijo Genoveva—. En setiembre, ya sabes...

«La boda de María. La compraventa o sólo venta o sólo compra de María...» Julián se estremeció. Desvariaba. La noche en vela le estaba destrozando; la noche se había convertido en un delirio, y ahora que el día se instalaba en el salón, las palabras de Genoveva repiqueteaban sobre el polvo dorado que la luz hacía saltar de las cosas.

Asistir a la boda de María era una absurda propuesta, un proyecto incómodo.

—Te lo agradezco tanto —dijo—, pero no conozco a nadie.

—Conoces a María —dijo Genoveva.

«Salir de aquí urgentemente... escaparme... huir. Burlar esta prisión invisible que se levanta en torno a mí...»

La resistencia que Genoveva había mostrado durante toda la noche a dejarlo marchar, la ocasión siempre escamoteada de cortar la insólita velada, la tensión que ejercía para seguir despierto, le hicieron pensar en un secuestro. Secuencias de películas mezcladas con escenas reales asaltaron a Julián en la semiconsciencia del consancio. Era un secuestro, le estaban obligando a contestar preguntas, a hurgar en su pasado para descubrir nombres, fechas, delatar conductas...

Le bailaba el rostro de Genoveva siempre delante de él; lo incorporaba a los sueños que la fatiga iba tejiendo ante sus ojos abiertos.

La espía, la enemiga, la guardiana le despertó de nuevo con su voz de diamante, oro, plata, platino, su voz vibrante, brillante, refulgente, mordiente...

—David te hubiera invitado, ¿no crees? —indagaba.

Otra vez el buceo, la revuelta confusión de los hechos. David investigado a través de Julián, David sacado con fórceps de la matriz de su memoria, en la que había madurado, crecido... Quería hacerle confesar las cosas que David le había ocultado y que ella suponía escondidas en su cerebro. «Por eso me mantiene despierto, para vencerme», se previno Julián.

—Yo no sé si David me habría invitado a la boda de su hija, teniendo en cuenta que hace años que lo vi por última vez... —dijo Julián.

Genoveva suspendió sus pesquisas. Las preguntas más importantes, pensó Julián, quedaban sin hacer: «¿De qué te habló? ¿Te dijo cómo iban nuestras cosas? ¿Te confesó si estaba deseando esa muerte anticipada, prematura, precoz, próxima, por él acaso presentida, propiciada con su vida aparentemente sana, ordenada, el tenis, los paseos, y, sin embargo, dañada en su núcleo central, allí donde reside el impulso que da fuerza a la máquina, el ciego deseo de vivir que dirige los pequeños gestos diarios, levantarse, mirarse en el espejo y estar contento del rostro conocido, certificar la causa de cada arruga, ser capaz de explorar por qué las bolsas bajo los ojos, por qué el rictus prendido de los labios, conectado, puesto en marcha al mismo tiempo que el motor del coche?...» Julián abrió los ojos y comprobó que se había dormido y hasta había soñado y descansado.

En algún lugar de la casa despertaban los hogareños ruidos matinales, ventanas que se abren, un lejano chocar de recipientes para hervir leche o agua. La mañana triunfante estallaba en las irisaciones de un cenicero de cristal de roca. Y frente a él, Genoveva, la invencible doncella guerrera, también dormía, derrumbada al fin sobre las armas que había velado en la noche larguísima...

Al levantarse, Julián sintió un zumbido en los oídos,

un sudor frío en las sienes y temblor en las piernas; una leve amenaza de mareo. Pero aguantó a pie firme y en seguida se disipó la niebla. Despacio, cruzó el salón y salió al vestíbulo. Alcanzó la puerta por la que había entrado ¿años, siglos atrás? y lucho con cerrojos y cadenas, sucesivos artefactos de caja fuerte, hasta que consiguió abrir. El aire fresco del jardín fue el valioso regalo que le esperaba al otro lado de la puerta blindada, y Julián lo aspiró profundamente.

Por el sendero de gravilla paseó hasta la verja que cerraba el parque. Los muros desbordaban de madreselvas y glicinas que trataban de escapar a la calle. Alguien había abierto la verja porque fue fácil levantar el pasador de hierro y empujar la puerta.

Fuera, recordó la dirección que tenía que tomar hasta alcanzar el cruce de carreteras en que le había dejado, el día antes, el autobús.

Al llegar a la parada se sentó en el banco protegido por una marquesina y esperó. Un coche pasó veloz en dirección a Madrid. Venía del camino que Julián acababa de recorrer. «Así, con parecida furia —pensó Julián— correría David aquel último día.»

Olía a campo seco, y por el cielo, de un azul transparente, cruzó un pájaro y, más alta, la estela blanca de un avión. Pero Julián no los veía. Y cuando estuvo sentado en la parte delantera del autobús, sólo sintió el inmenso cansancio y la alegría arrolladora de un náufrago rescatado de las olas.

III

Madrid era un tesoro que reposaba adormecido en la memoria. En el fondo de sus pupilas permanecía el brillo de las calles, las tiendas, los teatros, los anuncios de colores parpadeantes, encaramados en los edificios más altos.

—No será Nueva York —dijo un amigo que siempre despreciaba los hallazgos ajenos.

—No, pero casi —murmuraba David.

Se esforzaba sin éxito explicando el rumor y el aroma y el ritmo de la gran ciudad. Recién llegado, ya estaba descubriendo la añoranza.

—Está triste Madrid —había afirmado el tío—; está convaleciente de tanta herida y tanto desgarrón...

Pero David sólo veía un mundo electrizante en movimiento, frenético o pausado según las horas del día. Por la mañana, el sol reverberaba en el estanque del Retiro y David contemplaba las barcas empeñadas en un lánguido viaje sin destino.

Por la tarde, se acodaba en el balcón y su mirada se prendía en el torbellino de los coches que avanzaban en riadas metálicas para detenerse de pronto y arrancar de nuevo, enloquecidos por el guiño del semáforo.

—¿En tu ciudad no hay coches? —preguntaban los primos, divertidos. Tenían una voz sonora, hablaban de una forma clara, recreándose en todas las palabras como si paladearan el sonido.

—Sí, pero no tantos —les contestaba David.

Eran simpáticos los primos, aunque lejanos y mayores. Le llamó la atención que el padre les tratara como adultos, hasta al pequeño, que era de su misma edad pero parecía más alto y opinaba de las cosas con la seguridad de sus hermanos.

—¿Qué tal los primos? —le había preguntado la madre a su regreso.

—Van al Liceo Francés —había contestado él, y su respuesta le pareció un intento de explicarse a sí mismo que era ésta la raíz de sus diferencias, lo que los hacía distintos y superiores a él.

—¿Y la tía? —había seguido preguntando la madre.

Él iba a contestarle: «Muy guapa, cariñosa conmigo, pero rara. Siempre estaba encerrada...» Pero no fue preciso que hablara, porque la madre se anticipó a su respuesta:

—Está loca, loca de remate, y no quieren darse cuenta —dijo—. Ahora le ha dado por decir que tu padre es el único que la puede ayudar...

Eso fue todo, y él no quiso añadir: «Papá y el tío movían la cabeza al salir de su cuarto, y una vez —David lo había oído— comentaron: mal asunto, muy malo; mal arreglo...»

Pasaron varios días antes de que el padre tuviera

ocasión de nombrar el viaje. Estaban los dos solos. La madre se movía por la casa, persiguiendo errores de la chica en una vigilancia —ineficaz y abusiva, decía el padre— por dormitorios y pasillos.

—¿Te gustó Madrid? —fue la breve y rápida pregunta.

—Lo que más me gustó fue el Zoológico y el Museo de Ciencias Naturales —aseguró David.

Porque se daba cuenta que era eso lo que el padre esperaba, y que hubiera sido desconcertante si él hubiese declarado que no era el Zoo ni el Museo de Ciencias, ni mucho menos el agotador galope por las salas del Prado, lo que le había cautivado de Madrid. Hubiera sido difícil para el padre aceptar que lo mejor del viaje, lo más perfecto y pleno, fue el restaurante en que cenaron una noche con el tío y los primos. En el recuerdo, Madrid era el sabor de los platos exquisitos, la música de la orquesta escondida entre palmeras, la contemplación de las gentes risueñas y elegantes que buscaban su sitio con desenvoltura bajo las arañas de cristal. El olor de los ricos, el contacto con el lujo; ése había sido su descubrimiento. Y no podía decírselo a su padre ni a nadie porque apenas sabía decírselo a sí mismo. Sólo era capaz de percibir la exaltación en que Madrid le había envuelto, el fervoroso anhelo que la ciudad le había despertado. Todo a su alrededor era pequeño y pobre y miserable ahora que conocía el esplendor de una ciudad cuyo motor, David lo presumía, era el dinero.

«Cuando sea mayor, me iré a vivir a Madrid —se decía en las noches de desvelo, con la luz apagada y el libro de aventuras abandonado en la mesilla—. No me quedaré aquí como mi padre...»

Un sentimiento de angustia le anegó al contar los años que faltaban para alcanzar su meta.

Por vez primera odió a su padre porque no le había dado los privilegios de los primos: vivir en una casa espléndida, en una calle alegre, en una gran ciudad.

Odió a su padre, y no sabía que estaba atravesando la última barrera de su infancia.

SEGUNDA PARTE

Capítulo primero

I

Nueva York, diciembre 1960

Querido David:

Lo sabía. A lo largo del año tus cartas huidizas, vagas, me iban revelando tus proyectos. Lo sabía, pero me ha deprimido. No porque te haya perdido, ya que nunca jugué a ganarte. Lo que no acepta mi soberbia es el error, mi visión deformada de ti. No me perdono el espejismo. Cuando estábamos cerca me parecías lleno de vida, fogoso y tierno y diferente de mis cansados compañeros de Francia. Todo era muy real en aquel tiempo y aquel espacio compartidos. «El paraíso existe», decías asombrado. La isla te despertaba a la aventura de un sueño adolescente, y el sol y el agua y la lejanía de todo lo sombrío que habías dejado atrás te daban un aliento largo y fresco que se quedó en la isla cuando te fuiste.

No te he perdido, pero sí te has perdido. Apenas puedo imaginarte en la nueva distancia que se alza entre nosotros, en esta nueva perspectiva desde la que tendré que contemplarte. Además del que dejé en la isla había otro David que yo no quise ver, que yo seguramente esquivaba. Un David que tú no percibías porque era tan tú mismo como el otro. Ahora hay un nuevo foco que lo alumbra y lo destaca y oscurece aquellos rasgos conocidos para dar relieve a otros que yo no puedo ver. Me dices que te escriba, que no rompa este hilo que nos ha estado uniendo como un puente. No sé si voy a ser capaz. Ese David adivinado casi y rechazado se confirma ahora como el verdadero o el que ha prevalecido sobre el otro que yo creía el único o al menos el auténtico núcleo del que yo amaba. Sí; ese David existía, pero se estaba transformando a sí mismo.

Con Genoveva penetrarás por fin en ese mundo que siempre perseguiste. Su brillo te atraía desde que eras muy joven. Cuántas veces mirabas con codicia los yates en el puerto de Ibiza, ¿lo recuerdas? Decías: «Cualquier barco, cualquier velero para perderse por el mar.» Pero tu barco era aquel de caobas y metales dorados anclado en la bahía; aquel de los salones y las fiestas que mantenía las luces encendidas hasta la madrugada, y cuya música reptaba por las calles del pueblo. Julián, que te observaba y veía tu asombro y tu deseo, hacía un guiño y te decía: «Podemos preguntar si necesitan hombres...» Tú volvías de tu avidez contemplativa. Reías. «Algún día —decías— iremos los tres juntos en uno como ése...»

Ya tienes una mujer distinguida, un trabajo brillante, un pie en la tierra y otro en la escalera de un barco tambaleante a punto de zarpar. Pero no te descuides. Protégete del fuego de los ricos; vuélvete incombustible, segrega la coraza de amianto y no dejes ni un resquicio desnudo. Vas a necesitar mucho coraje. Pero no creo que te lo den mis cartas. ¿Quién me las pide: tú o la sombra que un día me abrazaba?

Todavía no sé si seguiré escribiéndote. No son celos. Los celos son temor justificado a perder la preferencia del ser en quien un día colocamos la nuestra. Pero no es Genoveva quien me arrebata a mi preferido. Es mucho más sutil que todo eso. No podría escribirte, imaginarte, quererte en tu actual encarnadura. ¿De qué forma el David que conozco se transfunde con éste, o cómo puedo conjurar su fantasmal presencia?

Consultaré con una bruja. Nueva York está lleno de ventanas que anuncian sus servicios con variadas leyendas.

Hoy hace un mes que Dan volvió a Topeka para una nueva estancia en la clínica. Me quedaré con su apartamento por ahora.

Un beso,

Annick.

II

Todas las hojas eran de oro. Flotaban inmóviles, en delicadas capas superpuestas, recostadas blandamente unas sobre otras, y cubrían la superficie del agua como una lámina continua, desprovista de peso porque sólo el color les confería la esencia luminosa del metal.

Genoveva miró un momento la piscina y luego lo miró a él, y Julián tuvo la sensación de que también sus ojos reflejaban un destello áureo.

—Creo que voy a bañarme —dijo Genoveva.

Y se acercó al borde blanqueado del agua. Cuando se quitó la túnica sacándola por la cabeza con un rápido movimiento de los brazos y la dejó tirada sobre la hamaca, Julián observó que toda ella era dorada, la piel visible y el bañador que en parte la cubría.

El sol del mediodía golpeaba con fuerza, pero el aire de octubre se filtraba casi líquido entre las ramas de los chopos, disolvía las ondas calurosas y el fuego descendido se convertía en frescor.

—Maravillosa —dijo Genoveva.

Nadaba apartando las hojas que se pegaban a su cuerpo, y cuando emergió del agua, unos minutos después, volvió a repetir:

—Maravillosa.

El pelo mojado y pegado a las sienes se le había oscurecido. Los ojos ya no brillaban como antes, y en la piel destacaban surcos blancos que cruzaban el rostro, paralelos en la frente, oblicuos desde la nariz a la comisura de los labios.

«Ha perdido su brillo dentro del agua», pensó Julián.

—Maravillosa —insistió Genoveva una vez más. Y añadió—: Decídete.

El cansancio de mil baños azules en las calas de la isla hizo estremecer a Julián. Sostenía su copa en la mano y el sol centelleaba en el cristal, pero no deshacía el hielo.

«He aquí una medida del baño —pensó—. No hace calor si el sol no puede deshacer el hielo...»

Vio cómo Genoveva se ponía la túnica y, descalza, se perdía por el camino de losas entre las que crecían remolinos de césped prisionero.

«No le importa —pensó Julián—. Le da lo mismo que me bañe o no, que haya venido o no, que exista o no.»

Sin embargo, cuando había entrado una hora antes con el cuadro debajo del brazo y le había dicho: «Lo siento, Genoveva; no pude venir a la boda... Aquí traigo un regalo para María...», ella había sonreído y parecía contenta de verlo. Eso fue la primera impresión, porque en seguida Julián comprendió que era tan sólo la complacencia profesional con que los príncipes reciben los homenajes de sus sometidos.

Luego había mirado el cuadro, buscando la firma para observarlo en la posición correcta, y había dicho «Magnífico», mientras él explicaba que el pintor, en Ibiza, era considerado, dentro de los ambientes artísticos, como uno de los más originales, y ahora precisamente en Nueva York, en una colectiva, iba a ser exhibida alguna de sus obras... Ella lo había mirado con sus ojos sin sombras y había asegurado: «Me gusta mucho.» Lo había colocado sobre un mueble y le había invitado a una copa para pedirle luego: «¿Te importa acompañarme?», y él la había seguido con la copa servida en una mano; la había acompañado hasta el rincón del parque en que se ocultaba la piscina, protegida por la barrera de chopos amarillos.

Genoveva se había sentado en una hamaca, se había derrumbado con la laxa actitud del verano, y él se dio cuenta de que no quería renunciar al agua soleada de su lago privado y que ella era capaz de prolongar para su goce la circunstancia, la estación, el tiempo ya clausurados para la mayoría. Y percibió que milagrosamente todo recuperaba en torno a sí la placentera plenitud estival: la mujer envuelta en su túnica blanca, bajo el sol y el cielo tensamente azul, y aquella lámina vegetal que ardía sobre el agua, preservando bajo su delgadísima textura el calor de los días ya pasados. Fue sólo un momento, porque la maga, al golpear con su cuerpo la superficie líquida, había convertido el primoroso tapiz en un revoltijo opaco de hojas sucias.

Julián bebió un trago largo y frío de su copa. Sólo el martini rubio y transparente, sólo el brillante líquido encerrado en el cristal helado conservaba el color y el sabor del verano.

III

La había besado porque los demás esperaban que lo hiciera; también porque ella lo esperaba, y la única razón que no podía darse a sí mismo era que a él le apeteciera especialmente. Aunque eso tampoco era del todo cierto. Quería comprobar si era suave la piel de Raquel, si ella se estremecía entre sus brazos cuando él la acercara a su cuerpo, sujetándola por la cintura como debía hacerse, a juzgar por las lecciones repetidas en las películas de cada sábado. La había besado en la frente, luego cerca de la boca, pero no en la boca. Ella había cerrado los ojos y no se había estremecido, y en aquel momento David había creído oír, de hecho se había oído con claridad, una risita, un contenido murmullo, un siseo, el aviso de una presencia cercana, y entonces ella lo había apartado con un leve empujón y él se había retirado temiendo una bofetada, así es como ellas solían reaccionar cuando algo no les gustaba, y bofetada no, pero Raquel se había marchado caminando despacio, adornada de cierta dignidad. Una dignidad traicionada por él, que se había comprometio con los otros a representar una escena para que ellos la contemplaran escondidos y en silencio. Ahora el juego había terminado y los amigos estarían satisfechos, pero ella había huido, sospechando, entendiendo o quizá sólo temiendo su presencia. David sintió la angustia de la inseguridad en la garganta, la confusa sensación repetida con frecuencia de haber y no haber hecho exactamente lo que quería. Así que fue hacia los amigos, ocultos tras un banco de piedra al otro lado del sendero (ya Raquel había tenido tiempo de alcanzar la salida a la calle iluminada), y los buscó en las sombras gritando, entre quejoso y vencedor:

—¡No hay derecho, lo habéis estropeado! No había ni empezado y ya vosotros...

Luego se reintegraron al paseo entre risas y gritos, y mientras avanzaban a empujones, apoyados unos en otros, disfrazando con su acometida de rebaño su debilidad de adolescentes, David supo que en definitiva había hecho lo que de verdad quería: demostrar que era fácil para él una conquista deseada por todos. Y percibió que el placer que sentía se confundía con el agrio sabor del engaño. Con arrogancia se dijo que ése era el papel de los hombres: tomar lo que los demás apetecen, más aún, estar seguro de que la pieza más solicitada es por eso la más deseable.

Por la acera de Correos paseaba Raquel. Reía con sus amigas y se detenían todas de pronto para contarse algo con las cabezas juntas y seguir luego atropelladamente a través del enjambre.

«Después de todo —se dijo— ella puede presumir con las otras de que me ha elegido, pero fui yo quien la besé, quien la arrastró a la sombra y, sobre todo, quien jugó con ella para que los demás se convencieran de mi victoria...»

En el próximo giro del remolino volvieron a cruzarse, y él insistió en mirarla y transmitirle con un leve enarcar de cejas la sinceridad de la truncada escena de amor. Mostrarle que él era ajeno al espionaje de los amigos. Incluso se apartó un poco de ellos al andar y los precedía, serio y lejano, en la tercera vuelta de la noria, para dar testimonio de su melancolía. Pero ya no la vio. Sólo pasaron las amigas arrastrando en silencio el último cansancio del domingo; mientras, en el reloj del Ayuntamiento sonaban las nueve de la noche.

Cuando llegó a su casa, los padres ya sabían por oscuros testigos que él y Raquel, en un momento dado, se habían perdido por el parque, y la madre, alterada, le preguntaba: «¿Quién te ha mandado, con qué permiso...? La hija de un vulgar tabernero...»

El padre levantó los ojos del periódico. Hablaba menos últimamente, salía menos; sólo en las tertulias de la rebotica se mantenía animado y despierto.

No es que lo defendiera, pero hizo un ademán aplacador de furias y ordenó a la madre:

—Déjalo —y añadió—: ¿Qué importancia tiene?...

David buscó la mirada del padre para darle las gracias sin palabras, pero no pudo porque estaba inclinado otra vez sobre el periódico. En un primer impulso pensó retirarse a su cuarto sin cenar para evidenciar así su rechazo de la injusticia, su indignación ante la intromisión materna... Pero en aquel momento la madre le pedía el plato con la mano alzada, perentoria y temblorosa de ira todavía. «No importa —se dijo David—, no importa. Hay otras formas de vengarse.» Y ofreció el plato a la madre, que lo llenó hasta los bordes de deliciosos puerros en vinagreta, tiernos, jugosos, blancos, como a él le gustaban.

Capítulo segundo

I

Nueva York, junio 1961

Querido David:

Al fin ya vivo sola. Estoy cansada de compartir viviendas con amigos y amigas, compañeros difíciles para mi insoportable independencia. He encontrado un pequeño apartamento, una vieja mansarda en el oeste de Manhattan, donde las mansiones conservan la estructura solemne de un pasado glorioso.

A partir de mi nueva calle empiezan los territorios hispanos, alto Broadway, frontera de miseria, límite del idioma, refugio de los desamparados.

Hoy, cuando regresaba, ya tarde, a casa, había una mujer sentada en un banco con dos niños dormidos a su lado. Parecía vencida y agotada. Miraba fijamente al otro lado de la calle y decía: «Cerdo, *pig*, cerdo, *pig*», en voz muy baja. No había nadie allí, pero ella repetía aquella cantinela en los dos idiomas, igualmente inservibles y hostiles para ella. «¿Necesita algo?», le dije en español. Pero no me escuchaba. «Cerdo, *pig*, cerdo, *pig*», repetía... ¿Quién era el cerdo? ¿Quién era el *pig* que la tenía sola en un banco a las dos de la mañana con dos hijos pequeños? Antes de entrar a casa oí cómo un coche de policía se detenía ante ella, la sacudía y la ayudaba a subir con los dos niños... «No se puede, no se debe estar en la calle con niños a estas horas...» ¿Dónde la dejarán mañana, cuando el sol se levante desde el East River, resplandeciendo entre los rascacielos del otro lado del Parque?

La madrugada tiene el poder de convertir en amenazas las cansadas verdades cotidianas. Estoy acongojada y me asaltan demasiadas preguntas esta noche. Te escribo y pienso: Yo, para ti, ¿estoy muerta? ¿Y Julián? ¿Está vivo o muerto? En cuanto a mí, sólo lo que veo y palpo y oigo, vive. Vosotros estáis lejos y, por lo tanto, muertos... Sólo si hubieras venido aquí conmigo estarías vivo. Cada siete años se renuevan todas las células de un ser humano, ¿no es así? ¿Qué quedará de mí, de la Annick que tú amaste, dentro de cuatro años?

En esta sucesión desorbitada de preguntas nocturnas, me digo: ¿Cómo has podido casarte con Genoveva?

Un matrimonio en una sociedad como la vuestra es para siempre. Tiene que ser así, queréis que sea así, necesitáis que sea así... Cada vez veo más claro que todos nos movemos por el deseo de estima. Queremos desesperadamente que nos quieran. Incluso la libido y el ansia de poder se derivan del deseo de estima. Y me asombra lo bajo que podemos colocar la propia estima.

Te casas con Genoveva porque tienes miedo a afrontar a una persona que te está exigiendo esfuerzos y superaciones constantes para conceder su estima. Te casas por miedo a una mujer distinta, igual o superior a ti. También porque la estima que tú buscas es la que pueden dar a tu inteligencia y a tu valía profesional gentes que la han comprado con su dinero. ¿No te das cuenta que los ricos no tienen vidas ricas? ¿No te avergüenzas de la derrota que has sufrido frente a ti mismo?

Todo está perdido, pero quisiera que algún día, si lees esta carta otra vez, compruebes que me he adelantado a tu posible conocimiento del error, el desacierto, el desastre en que has convertido tu vida.

Se acabaron las preguntas. Pronto amanecerá. Tengo sueño y no puedo reconstruir tu cara. ¿Te habré olvidado ya?

Un beso,

Annick.

II

—Hace veintidós años tampoco viniste a nuestra boda... —dijo Genoveva.

«Un reproche archivado en la memoria», pensó Julián.

—Veintidós años —dijo—. Déjame que calcule: en el sesenta y dos yo le había perdido la pista a David. La recuperé bastante más tarde...

Se estaba bien al sol, contemplando sobre la mesa de cristal el vino rojo servido en vasos gruesos, la enredadera que colgaba del piso principal y se enroscaba por la pared del porche, la fuente de cerámica azul y verde, todo premeditadamente rústico. *Déjeuner dans le jardin...*

El sol, el cielo azul, transportaron a Julián a su casa de Ibiza. Con los ojos entornados pensaba: «El sol, el color del cielo, pero no el aire.» El aire seco de la meseta no podía confundirse con el de la isla, humedecido por millares de partículas mediterráneas. «Tampoco el olor.» Un amargo dulzor de almendro, el aroma medicinal de las sabinas, golpearon su olfato en el recuerdo. No, tampoco el olor. Ni el silencio. Ahora mismo, aquí, ni un coche circulaba por la estrecha carretera que llevaba a otra más ancha y finalmente, tras vueltas y revueltas, a la autopista. La casa estaba quieta y como dormida o vacía. Pero el silencio de su cala era distinto. El rumor de la brisa, el murmullo del agua que choca dulcemente en las rocas, agita las plantas movedizas entre las que se ocultan cuerpos blandos, pálpitos asustados, tersos cuerpos, replegados sobre sí mismos en pequeñas mansiones nacaradas...

—¿Más vino? —preguntó Genoveva.

Julián le extendió la copa vacía y al mismo tiempo se advertía: «Cuidado.» El vino y aquel sol del mediodía le estaban trastornando. Antes de beber de nuevo, una confusa exaltación le hizo preguntar:

—¿No has estado nunca en Ibiza?

Una crispación levísima, apenas una arruga en la frente, precedió a la respuesta de Genoveva.

—No —dijo, lacónica.

Y Julián comprobó que era el desasosiego la única respuesta que había esperado.

Genoveva se reclinaba en el sillón de mimbre blanco y cerró los ojos al sol. Se había peinado hacia atrás la melena todavía húmeda, y cuando Julián la vio aparecer en la terraza después de invitarle: «Te quedas a almorzar», con ese tono de inapelable orden, concesión, exigencia, era otra vez la muchacha radiante de antes del baño.

El vino zigzagueaba por los caminos del cerebro. «Horas de sol —pensaba Julián—. Horas al sol aquí y allá, en el mar y la nieve, en el jardín, en la piscina, horas de permanentes vacaciones, ésa es la clave de esa aparente juventud... Pero nunca en Ibiza. Hay otras islas, hay otros lugares bajo el sol...»

—No —repitió Genoveva después de unos momentos de silencio—. En Ibiza, nunca...

Y a Julián le pareció que su pregunta se había producido hacía mucho tiempo, cuando en realidad sólo segundos habían transcurrido, segundos extendidos por el delirio del vino, que los convertía en una sucesión de imágenes y turbadoras sensaciones. «Esa pregunta sobre Ibiza —se dijo Julián— es una venganza, una prueba, un arma arrojadiza que he usado contra ella, contra su capacidad de recuperación después de un baño frío, contra su voluntad de dominio de lo que le rodea...» Pero ya la desazón, la arruga, habían desaparecido. Los ojos azulados, grisáceos, violeta, le miraban sin ira, sin tristeza, ni miedo.

—¿No comes? —preguntaba Genoveva.

No había venganza ni triunfo, sólo cierta curiosidad, cierta cortés rutina en la pregunta.

¿No comes? Sólo una pregunta. Eso era todo.

III

—¿Es muy difícil conseguir el Premio Nobel? —preguntó David.

El sol del invierno se filtraba por los visillos de encaje y depositó un rayo pálido sobre las manos cruzadas del padre. Allí, en el mirador, hundido en su butaca, cubierto por una manta de lana, arropado en las faldas de la camilla, el padre parecía más viejo, más gastado. David se sentaba a su lado cuando volvía del colegio y trataba de hablar de cosas que le parecían de interés. Sólo un ratito, porque en seguida venían los deberes, la cena, el deseo de acostarse temprano para leer a solas, sumergido en un mundo de intrigas, hazañas, sueños...

«Ha sido sólo una gripe —decía la madre a las visitas—, pero este hombre no lucha, no se recupera, no hay quien le haga comer...»

David trataba de avivar con su charla la llama adormecida en el padre; por eso había preguntado: «¿Es muy difícil conseguir el Premio Nobel?»

Volviendo de la bruma, el padre contestó:

—Muy difícil, David, el Premio Nobel es muy difícil...

David se alegró porque la llama se agitaba, parecía elevarse ante sus ojos o era sólo el rayo de sol que se movía al destrenzar el padre sus manos.

—Muy difícil —repitió.

«A todo dice que no —explicaba la madre a los amigos—. Está hecho un viejo, y lo que yo le digo: ¿Pero no piensas en tu hijo, que te necesita tanto? ¿No piensas en mí?» La madre se enjugaba una lágrima furtiva y en seguida se irritaba y volvía al tono alto del reproche: «Apático y poco luchador lo ha sido siempre; pero ahora se trata de su salud, y dice el médico que si él no quiere, no hay manera...»

—Es difícil, pero no importa el Premio Nobel, David; son otras cosas las que importan...

David no lo entendía, porque siempre había creído que el padre anteponía la ciencia y la sabiduría a todas las demás cosas que el mundo puede ofrecer al hombre.

—Hay otras cosas... —insistió el padre. Y la llama que un momento antes parecía refulgir se apagó de nuevo.

David miraba al padre y sintió deseos de huir porque le asaltó un miedo repentino a que su padre hablara de «esas cosas» que de pronto se le antojaron premonitorias y aciagas y difíciles de aceptar.

—Échale una yema en el caldo a ver si se lo quiere tomar... —dijo la madre en la cocina.

Un gran suspiro se acercaba por el pasillo precediéndola, y David adivinó que estaba salvado porque la madre iba a decirle, con toda seguridad, que se fuera a su cuarto a hacer algo porque ya estaba bien de perder el tiempo con cualquier pretexto...

—... Y luego vienen las malas notas y das un disgusto a tu padre, y es lo que él necesita, disgustos, con el ánimo que tiene...

David miró al padre con cariño porque ahora, con la retirada cercana, le daba pena dejarlo en el mirador, la cabeza inclinada, contemplando sus manos de nuevo entrecruzadas en busca de un punto de apoyo, punto de ayuda de una con otra y de las dos con el cansado cuerpo...

—Voy a estudiar, papá; tengo mucho que estudiar —le explicó—. Pero no importa, porque es lo que más me gusta, Química. Ya hemos empezado con la Química...

Por un instante el padre levantó los ojos y lo miró, y David presintió absurdamente que el padre no le creía. No era reconvención, ni siquiera el aviso que solía transmitirle con la mirada cuando estaba fuerte y sano y los dos se enviaban mensajes frente a la incomprensión de la madre.

No era eso, y David se inquietó porque le pareció que la mirada del padre tenía que ver con la sorprendente afirmación «Hay otras cosas mejores que el Nobel», y era una advertencia de que la charla interrumpida continuaría cualquier día cuando estuvieran solos los dos...

—Vete, te digo —insistió la madre.

Y David se escurrió por el pasillo en busca del refugio de su cuarto. Agradeció a la madre su presencia y descubrió de pronto que con ella nunca se equivocaba: siempre sabía lo que le iba a pedir y todo lo que de ella podía esperar. Era injusta y confusa y se contradecía, pero establecía entre ellos dos una relación tranquila a pesar de su brusquedad, sus gritos, las furiosas regañinas que se arrastraban desde la infancia.

Sentado ante su mesa, David abrió el libro de Química, cogió un cuaderno y con un lápiz garabateó aburridamente fórmulas sin sentido. Luego escribió su nombre y debajo, con mayúsculas, «Premio Nobel». Se le había olvidado preguntar al padre cuánto dinero daban con el Nobel. «Son otras cosas, no el Nobel, lo que importa», recordó.

«Otras cosas.» Qué admirado y desconocido, el padre. El padre era un espejo límpido e inquietante, y al mirarse en él David veía una imagen de sí mismo noble y gloriosa, pero se daba cuenta de que no era la suya la imagen que veía, sino la que el padre hubiera deseado ver...

David volvió al libro de texto y trató de entender lo que leía. Tenía que estudiar y aprobar, y llegaría el día en que inventara o descubriera algo muy importante, algo que le llevaría al Premio Nobel y le daría fama y dinero.

Una pregunta asomó entre sus sueños. ¿Estaría orgulloso el padre si le dieran el Premio Nobel?

—No vivirá para verlo —dijo en voz baja. Y se estremeció.

CAPÍTULO TERCERO

I

Nueva York, febrero 1962

Querido David:

Una noticia familiar ha perturbado mi rutina. Es una buena noticia: mi padre se ha vuelto a casar. Me tranquiliza saberlo, me libera de la preocupación que a veces me asaltaba en medio de mi profundo egoísmo: «¿Qué hará él solo? ¿Es suficiente la visita periódica de mis hermanos? ¿Debería volver y acompañarlo renunciando a mi vida?» Mi padre es aún joven. Creo que he hecho muy bien dejándolo, obligándole a buscar por sí mismo la forma de aceptar su soledad. Parece que ha llegado el momento en que decide empezar otra vez. Y me alegro. Pero no puedo menos de volver al pasado, cuando los cinco, mis padres, mis hermanos y yo, creíamos tener la fórmula de la felicidad. Ellos tan jóvenes, nosotros tan alegres, tan fuertes. «Hay familias perfectas», decía la gente asombrada y envidiosa. Yo era todavía muy niña y ya recuerdo el miedo a una felicidad tan prolongada. «Nos va a pasar algo», me decía. Luego, cuando me caía y me hacía daño o se rompía mi bici o tenía una mala nota en la escuela, ese pequeño dolor me alegraba, me parecía el antídoto para otras posibles desgracias. Ignoraba que, por grandes que sean, las desgracias nunca sirven de escudo. Por eso jugaba a distraer la mala suerte. «Espera —le decía—, no te ocupes de nosotros, no te impacientes. Acabamos de pasar la gripe, el sarampión de los pequeños ha sido largo, papá se queja porque necesitamos más dinero...» Pero yo sabía que era difícil engañar al espíritu maligno que reparte infortunios. Me parecía oírlo en los insomnios: «Ya va siendo el momento de sufrir. Hubo una guerra y os dejé tranquilos. No toqué a vuestro padre, no visteis las batallas escondidos en el pueblo remoto de la abuela...»

Buscaba a mi madre para tratar de que me consolara. «¿Seremos siempre felices? —le preguntaba—. ¿Siempre estaremos juntos?» Ella reía y me tomaba el pelo. «Siempre es muchísimo tiempo. Cuando seas mayor te irás de casa, te casarás, tendrás otra familia...» Aquello no me gustaba nada. «Yo me quiero quedar en esta casa; no necesito una para mí sola», me defendía. Entonces ella se ponía seria y me mandaba a jugar: «No quiero neurastenias, no en mis hijos.»

Yo tenía veinte años cuando ella murió, y ya había elegido vivir sola. Durante un tiempo me ocupé de mi padre y mis hermanos, traté de organizar su vida. Sufría, pero estaba tranquila. Me consolaba con el viejo recurso de la infancia: después de esto, nada puede ocurrirnos. Pero no me duró mucho el consuelo, porque yo tenía mi vida aparte y sospechaba que aquel tributo que para la familia suponía la muerte de mi madre no iba a ser garantía de mi dicha futura. Por el contrario, supe que era el comienzo de la desventura porque ya nada fuera de mí me sostenía. El regreso esporádico al refugio, a la condición inmadura de hija, había terminado. Seguí viviendo sola. No quería ocupar el lugar de mi madre. No debía quedarme en una casa de hombres al servicio de todos. Y creo que acerté. Todos buscaron sus salidas. Mi padre, el único que a veces me hacía dudar de la bondad de mi dureza, ya ves, ha renovado su destino. Ya no está solo y debe agradecer mi deserción. Si me hubiera quedado sería un anciano tierno, dependiente, quejumbroso, que hubiera destrozado mi vida. Ahora es un hombre maduro que va a probar una una nueva aventura. No he podido ir a la boda. Un viaje al año es suficiente para mí. No tengo dinero para más. Estoy contenta. No me da miedo la felicidad de mi padre. Sé que no tengo que pagar por ella. He descubierto hace mucho tiempo que no se paga la ventura ni nos protege la desdicha.

Todo lo que nos pasa obedece a una sucesión inexorable de causas y efectos. Por ejemplo, si yo me hubiera quedado con mi padre sería hoy una mujer rodeada de seres queridos, mis hermanos, sus mujeres, mis sobrinos. No estaría sola. Puede que hasta hubiera construido mi propia familia en torno a mi padre para que él siguiera protegido hasta el fin. Demasiados seres queridos. No estaría sola más que por dentro.

Un beso,

Annick.

II

—¿No comes? —repitió Genoveva.

Y Julián observó que la alusión a Ibiza ya había sido olvidada. La carne y la ensalada estaban casi intactas en el plato de Julián, pero él levantó el vaso vacío pidiendo más vino y Genoveva le sirvió.

—Él hablaba mucho de ti —dijo Genoveva.

—¿Mucho? —preguntó Julián, sorprendido.

Quería sonreír, pero temía que su sonrisa fuera ya una mueca.

—Sobre todo, te nombraba —puntualizó Genoveva—. A veces, al ver una película decía: este tipo me recuerda a Julián...

No podía comer. «Es el vino —pensó—, el vino y luego el sol; beber al sol es peligroso...»

—David me tenía miedo —se oyó decir a sí mismo, y le pareció una frase absurda, fuera de lugar.

—¿Miedo? —preguntó Genoveva.

—Miedo —repitió Julián.

Pero ella no replicó, no quería indagar las causas de aquella afirmación tan gratuita, porque ¿qué miedo iba a tenerle David a él, qué miedo el poderoso al débil, el triunfador al derrotado? Aunque ¿quién era el derrotado?

—¿Y tus hijos? —preguntó Julián.

Un leve movimiento de hombros, un gesto apenas perceptible de disgusto, un minúsculo rechazo de la palabra «hijos».

—Cada uno por su lado —contestó Genoveva—. María vive lejos. Rafael se ha instalado en un apartamento, cerca de todos sus asuntos. Y el pequeño, nunca se sabe dónde ni con quién está...

Ahora, al nombrar al pequeño, a quien despojaba del nombre propio para dejarlo reducido a la pequeñez, la condición precaria de benjamín, Julián creyó interpretar que era a él a quien iban destinados el entrevisto asomo de disgusto, el cansancio del gesto al tener que incluir entre los hijos a aquel último, el que tenía la misma voz que David joven...

—¿Tienes Alkaseltzer? —preguntó Julián.

Porque era necesario detener el delirio. Y cuando Genoveva extendió la mano para alcanzar el tubo de la bandeja de botellas, se dijo que también ella o alguien en la casa lo tomaba o había necesitado tomar en el pasado, necesitado urgentemente para aclarar la cabeza, regresar al momento real, sujetar la frenética carrera de imágenes, divagaciones, disparates... Y una vez más pensó que estaba haciendo, representando, encarnando en presencia de Genoveva el papel de David. David tomando el Alkaseltzer de las resacas presentidas, David tratando de frenar el alboroto que el alcohol desataba y Genoveva enfrente mirándolo, entre burlona y cruel y tensa al mismo tiempo, «porque ella también se ha dado cuenta de que su rápido movimiento al alcanzar el tubo del remedio ha traicionado el gesto tantas veces repetido»...

Las burbujas del analgésico acariciaron con su frescura la garganta de Julián, y al tragar la última gota de líquido, ella, la diosa, la enemiga, Genoveva, la mujer de David, se adelantó a declarar:

—David también tomaba con frecuencia Alkaseltzer...

III

El agua de la ducha caía fría sobre su cuerpo y le abrasaba la piel. David aguantó un momento más y luego cerró la llave.

Salió de la bañera y alcanzó la toalla, y al envolverse en ella, el áspero tejido de algodón parecía suave después de la agresión del agua helada. El espejo le devolvió un rostro enrojecido, los labios morados, los ojos gris verdoso, el pelo negro. La nariz parecía haber aumentado en los últimos tiempos. David se colocó de perfil y trató de observarse volviendo los ojos hasta el límite. Sí, la nariz era más larga, más afilada, pero se mantenía recta y perfecta, no se había alterado su proporción en el conjunto de los rasgos. Sin dejar de observarse, se tocó la barbilla y comprobó que allí seguían, un poco más largos que ayer, un poco más tiesos, los tímidos brotes de la primera barba.

Ya iba siendo necesario tomar medidas. Precisamente esa tarde, en el partido de baloncesto, el hermano entrenador le había dicho, burlándose de él: «Mucha estatura, mucho empuje, pero a ver cuándo empezamos a afeitarnos...»

Por lo menos cuatro de la clase ya se afeitaban. Presumían y aconsejaban: «En cuanto veas que aparecen los primeros pelos, aféitate; crecen más de prisa si te afeitas...»

Sin duda a él le había llegado el momento. Iba a ser muy fácil; se lo había visto hacer tantas veces al padre... agua templada, jabón, mucha espuma en la brocha. La mano le tembló cuando acercó a su cara la máquina cargada con la cuchilla. Suave, suave, despacio...

En la puerta sonó un golpe y la voz de la madre le reclamó.

—Date prisa. ¿Qué haces? Se van Luisa y Emilia y te quieren ver...

El sobresalto de la llamada hizo desviar la mano del camino previsto, un surco blanco que la maquinilla iba trazando sobre la piel enjabonada. Al desviarse, la cuchilla penetró en un territorio de piel seca y produjo un breve corte por el que surgían hilos rojos que convirtieron la nieve en campo de batalla.

Un vuelco en el estómago, una repentina sensación de mareo al contemplar su propia sangre trastornó a David, y al mismo tiempo sintió una necesidad desesperada de que su madre no se enterase. Nervioso, rebuscó en el armario: en algún sitio, escondido en algún rincón, habría algo con que cortar la escandalosa hemorragia, pero no lo encontraba. ¿Alcohol? ¿Agua oxigenada? Con la toalla húmeda apretaba el finísimo torrente, pero cuando la soltaba la sangre afluía con más fuerza. «Me voy a desmayar —pensó David—. Desmayado sobre el suelo del cuarto de baño, desangrándome sin que nadie se entere...»

—¡Mamá! —gritó, y abrió la puerta.

Todo su orgullo se escapaba cuello abajo, mezclado con la sangre jabonosa, y cuando la madre apareció portadora de ayudas y reproches y de un exaltado convencimiento de su papel de salvadora, David se sintió feliz y algo parecido al llanto le subió por la garganta. Los dedos expertos se movían con solicitud limpiando la piel, secando la piel, aplicando sobre el corte un bálsamo milagroso que cortó la hemorragia.

—¡Inútil, gallito, tan hombre y tan inútil! —se indignaba la madre—. ¡Quién te mandará a ti meterte a estos asuntos! Y tu padre en la luna, como siempre. Tu padre, ni enterarse de que va siendo hora de ocuparse de éstas y de otras cosas. Yo sola para todo, siempre... Qué pena de hombres...

Ahora que ya estaba tranquilo y su cara volvía a ser la de antes; sólo aquella herida, la huella de su primer fracaso masculino marcado por una inevitable dependencia; ahora, la humillación que David había sentido se volvió contra el padre. Él era el responsable, el inútil, el ausente en el momento más inoportuno... Un soterrado sentimiento de desprecio, un sentimiento madurado sin él saberlo en los últimos tiempos y que había ido creciendo dentro de él como un rechazo a la enfermedad, a la debilidad, a la renuncia a toda lucha del padre, afloró con violencia en la conciencia del adolescente. Padre acabado, padre innecesario, padre culpable...

La ira llameaba en sus ojos mientras trataba de alisar el corto pelo con ayuda del peine.

—Soy más hombre que él —dijo en voz alta, dirigiéndose a su imagen reflejada en el espejo.

Era miércoles, y por primera vez en meses, el padre había hecho el esfuerzo de salir a la calle y acercarse a la farmacia donde le esperaban, alegres, los amigos de la tertulia.

Capítulo cuarto

I

Nueva York, agosto 1963

Querido David:

El calor es sofocante. No puedo soportar la ciudad en verano. Me siento embrutecida, agotada, enferma. No puedo pensar. Y tengo que hacerlo. Me arrepiento de haber aceptado un proyecto de libro que sólo podemos afrontar en verano. Yo me habría marchado a trabajar a un lugar seco y fresco. Mi parte es la única que no exige consulta en bibliotecas. Sólo tengo que revisar expedientes y unirlos a las notas que he ido tomando a lo largo del curso. Pero mis compañeros, no; ellos necesitan buscar antecedentes, críticas o apoyos a nuestro trabajo, en otros ya publicados. Y tenemos que estar juntos. Pero me desespero y odio el verano en Nueva York. Me siento prisionera en una campana inmensa de vapor. Los pulmones no pueden absorber todo el oxígeno diluido en esa masa líquida de aire blanco y pesado. Las calles abrasan, y la gente me parece más fea y deforme que nunca. Y Nueva York está llena de gente. Masas de desterrados, rebaños de emigrados, un desolado grupo de seres hundidos en el fracaso. Porque ¿quién puede quedarse en Nueva York todo el verano, a no ser los que no tienen nada, dinero para huir, lugares donde ir, sueños que realizar?

En invierno adoro la ciudad. Me siento a gusto entre la gente. Me estimula saber que cuando empieza el día y salgo a la calle, hay un fluir de seres que emprenden el trabajo como yo, que como yo ponen en marcha los sentidos, los nervios, preparan la respuesta adecuada para cada tarea.

El frío en la ciudad me parece menos devastador que en el campo. En invierno la tierra muere, pero el asfalto resucita. La cercanía de los otros es soportable, grata, los alientos de los otros comunican certidumbres de vida. Mi propio aliento me precede al andar y me confirma que existo...

Sé que el invierno es duro para muchos. Sé que todo lo que estoy diciendo es absolutamente subjetivo y sólo sirve para quien, como yo, tiene casa caliente, suficiente comida, ropa, confort. Confieso que hablo siempre de mí misma. Pretendo transferir mis sensaciones de molestia o disgusto a los demás y digo: el hombre es más feliz de esta u otra manera. Pero olvido, por ejemplo, que el calor es la forma menos dura de sobrevivir. Para aquellos que vagan casi desnudos bajo el sol del verano, los que se apiñan en las playas de la ciudad con sus cuerpos blancuzcos, miles de hormigas gordas y fláccidas, millones de neoyorkinos sudorosos que buscan el frescor momentáneo del agua y cuya fealdad odio.

Julián me dijo una vez: «Eres peor que racista, eres antihumana; te molesta esa parte de la humanidad que hiere tus sentidos educados para gozar de la belleza; también desprecias a los ignorantes y a los torpes...»

Muchas veces, en mi continuo análisis de lo que pienso y creo, he recordado el ataque de Julián. Por qué, me pregunto, soy capaz, lo sería, de dar lo mejor de mi vida en una lucha a favor de una gente que me molesta y me repugna cuando la tengo cerca de mí.

La respuesta la tenía también Julián. «Se ve —me dijo en otra ocasión— que perteneces a un país que inventó el despotismo ilustrado...»

Es verdad, seguramente es cierto, pero no quiero pensar en ello. Hoy es domingo y quiero descansar. No mover un músculo, cerrar los ojos, sumirme en la niebla ardiente que me golpea el cerebro.

Amanece por Central Park y el sol es una amenaza rojo intenso que se levanta envuelta en celofán. Terminaré esta carta. Tomaré una taza de té helado. Me volveré a duchar. Me tumbaré en la cama bajo el ventilador. Y esperaré el invierno. Esperaré la nieve tras los cristales del domingo. Me levanto muy tarde los domingos de invierno. Me preparo un desayuno especial. Regreso a la cama y leo el gigantesco *New York Times*. La nieve cae en la calle vacía porque los ateridos neoyorkinos están en sus refugios. Quiero creer que todos duermen en guaridas protegidas del frío y que sueñan con veranos de sol y playas, con islas maravillosas que nunca alcanzarán en agostos como éste, insoportables.

Un beso,

Annick.

II

—No, yo no conocí a su padre —dijo Julián—, pero David lo admiraba mucho. Hablaba mucho del padre...

Un rumor de hojas secas, movidas por la brisa, entró por la ventana del salón. Una nube muy blanca ocultaba el sol. Era una nube pequeña, probablemente pasajera. Tenía forma de huevo. «Aovada, ovalada, oval...», pensó Julián. Los contornos de la nube brillaban con el sol oculto...

—Del padre, nunca. A mí nunca me hablaba del padre —replicó Genoveva.

El contorno de su cabeza se dibujaba ahora que el sol había vuelto a salir, y toda ella aparecía envuelta en un nimbo otorgado por el sol.

«No le hablaba del padre», resumió Julián volviendo de su divagatoria confusión, y colocó en primer plano de la conciencia la noticia que Genoveva acababa de darle.

—No te hablaba del padre... —repitió en alta voz.

Trató de concentrarse en el minuto exacto en que Genoveva le había preguntado: «¿Tú conociste al padre de David?» No lograba recordar cómo se había producido la pregunta, ni siquiera cuándo. ¿Estaban todavía en la terraza, o ya habían entrado en el salón empujados por un ligero frío, precursor de la brisa y la nube? No aparecía el hilo conductor que le llevase al momento en que Genoveva había hablado. Estaba casi seguro de que no había enlace coherente. Ella habría lanzado al aire la pregunta siguiendo el curso de su pensamiento, y ahora esperaba una explicación, una compostura del incómodo estado creado entre ellos, porque no era aceptable suponer que David ocultaba a Genoveva lo que el padre había significado para él, y al mismo tiempo era importante conocer por qué David hablaba del padre con Julián.

—Bueno, supongo que el padre todavía estaba muy presente en su vida cuando yo le conocí. Era muy joven entonces, no lo olvides. Y quizá necesitaba apoyarse en el ejemplo del padre...

Otra vez la nube: ya no era oval; era rizada, cuneiforme, muy larga, y sólo ocultaba parte del sol. Pero hacía fresco y Genoveva dijo:

—Cerraré la ventana.

Julián inició un torpe movimiento, frenado por el sopor de la sobremesa; luego hizo un gesto de disculpa por no haber alcanzado a detener a tiempo el esfuerzo de Genoveva, por no haber sido capaz de evitarle ese pequeño trabajo que un caballero, o simplemente un hombre sobrio, hubiera hecho, levantándose de un salto, sujetándola incluso por el brazo para impedir que se moviera, sonriéndole protector y dominante a un tiempo: «Por favor, no faltaría más; estoy aquí para ayudarte, para servirte, para cerrarte todas las ventanas que intentan alterar la grata atmósfera en que vives. Cerraremos ventanas si tú quieres, ventanas abiertas a un pasado que sólo puede descubrirte fallos, dudas, contradicciones...»

—El padre, el padre... —murmuró.

¿Por qué en el padre hay que encontrar modelo, guía, ejemplo? «Su vivo espejo, su retrato vivo —solía decir la madre de David—. La viva imagen de su padre...» Y David sonreía. Hacía poco que se conocían y ya andaba haciéndole confidencias: «Mi padre, un gran hombre —decía—, un verdadero sabio que nunca tuvo arranque para salir de una vida mediocre... Pero él no quería verme en su mismo lugar. Estoy seguro de que mi padre desearía para mí todo lo que él no pudo o no quiso alcanzar...»

—De todos modos, yo no conocí al padre; no puedo asegurarte que David lo admirara, de verdad, tanto.

Por la ventana ya no entraba el sol. Un resplandor escarlata descendía desde un cielo sin nubes a la tierra, y Julián adivinó que al otro lado de la casa, hacia el Oeste, una explosión de rojos estallaría sobre los campos amarillos.

—No sé... —dijo Genoveva. Y pareció dudar por un instante.

A esta hora, en la isla, cuando el sol se escondía por Es Vedrà, los tres brindaban, David y Annick y Julián, por el día vivido. «Ganado», aseguraba Annick. «Perdido», insistía David. Julián, la mirada zozobrada en el islote que oscurecía por momentos, les reconvenía: «No seáis pesados. Un día que se va, eso es todo.» Annick se encrespaba y David no se rendía. Discutían siempre por cualquier cosa, luchaban, y Julián se quedaba fuera de la lucha. Él no quería tomar partido por ninguno de los dos. «Primero fue su padre —pensó Julián—. En el principio el espejo era el padre, y luego fui yo, y cuando Annick llegó, Annick fue un nuevo espejo donde mirarse y descubrirse y tratar de encontrarse...»

—Te he dicho que a mí nunca me habló del padre y no es del todo exacto —dijo Genoveva—. Datos, cosas concretas, sí me contaba, claro, pero no me habló de él como un ser a quien hubiera amado y admirado en su primera juventud o en su infancia...

Genoveva parecía impaciente. Le urgía para que disipase la más ligera sombra y devolviera a su sitio las piezas de un paisaje que él había alterado. Porque existía un cuadro, una escena encajada, perfecta, cuyos distintos fragmento se unían formando un conjunto sin discordancias... Pero «David admirando a su padre» era otro cuadro, otro título, otro pintor incluso.

—David quería a su madre, se parecía a su madre... —afirmó rotundamente Genoveva.

Y Julián comprendió que era inútil discutir, y además no importaba demasiado.

—Quizá —dijo Julián.

Y torpemente, trabajosamente, se levantó para alcanzar un vaso, una botella, un trozo de hielo.

Mientras, por la ventana del salón la luz, en lentos y sucesivos cambios, se volvía más débil, más apagada y difusa.

III

La princesa de la portada era rubia. El traje blanco flotaba a su alrededor y, en la cabeza, una diadema de brillantes sujetaba el velo que caía sobre la espalda. Los ojos eran azules, y la sonrisa, blanquísima, apenas dejaba ver el rojo de los labios, oscurecido por el fulgor nacarado de los dientes.

—¡Qué figura! —suspiró la madre.

David miraba por encima de su hombro, apoyaba en él la barbilla y aspiraba el perfume dulce y espeso, y al mismo tiempo amargo, que usaba la madre.

—Muy guapa —asintió.

Seguramente aquella chica, la princesa, usaría un perfume de rosas o violetas o quizá jazmín. Sí, el jazmín era muy apropiado para novias, tan blanco y puro y oloroso. Recordó las tardes de mayo en el colegio cuando era niño y no se perdía ni un rosario del mes de María. Las luces y la música y el aroma de los jazmines le turbaban. Había tardes en que se sentía desfallecer, mareado y confuso entre tantas sensaciones intensas. «María es hermosa y pura —decía el cura—; así deben ser todas las mujeres, hijos míos, la madre, las hermanas, la que un día será vuestra esposa...»

Un ligero cosquilleo le recorría la médula cuando pensaba en la pureza de la esposa no tocada, no mancillada. Hablaban los amigos de las noches de bodas y se reían nerviosos cuando alguno añadía un detalle a lo ya conocido. Ahora, mientras miraba la revista que la madre sostenía arrobada entre sus manos, David pensaba cómo sería, cómo habría sido la noche de bodas de esta princesa hermosa y exultante que ilustraba portadas, enardecía sueños y despertaba anhelos en otras mujeres.

—Déjame ver el novio —pidió a la madre.

Y ella pasó las páginas hasta encontrar el reportaje completo.

—El novio le decepcionó. Parecía mayor que la princesa; era un poco gordo, un poco calvo, un poco vulgar.

—¿Cómo le ha dado por casarse con este tipo? —preguntó.

La madre, entre informada y despectiva por su ignorancia, le contestó:
—Dinero, hijo, dinero. ¿No sabes quién es él? Tiene millones y millones, una de las grandes fortunas del mundo. Y ella es una chica muy seria y muy decente, como debe ser... —terminó agresiva.
David se encogió de hombros, y se disponía a marchar hacia su cuarto cuando la madre pasó la hoja y aparecieron nuevas imágenes de los novios, un álbum retrospectivo de sus vidas. En una de las fotografías aparecía el novio, muy joven, jugando al tenis en un campeonato famoso.
—Déjame, déjame ver esto —suplicó.
La madre le ofreció la revista para que pudiera contemplarla a su gusto.
—Acuérdate de la raqueta que te he pedido para mi cumpleaños —dijo David—. Una raqueta buena y ligera. Poli me va a enseñar a jugar...
Se recreaba pasando hojas, y esto sí, esto le interesaba más que los novios con sus galas nupciales. Allí, en las fotografías, se reflejaba el pasado y el presente y el glorioso futuro de unos seres que vivían jugando. Los juegos del agua y la nieve y la tierra batida. Los juegos y los escenarios de los juegos: la cabaña suiza, la villa junto al mar y a la noche los espaciosos salones iluminados donde se celebraban los rituales festejos de los vencedores... Suspirando, cerró la revista y se la devolvió a su madre.
—Me voy a estudiar —dijo.
Hacía calor y por la ventana abierta entraba al cuarto un aire sofocante de aromas silvestres, tomillo, jara, albahaca. Desde los montes cercanos, los olores subían por las calles estrechas hasta el corazón de la ciudad.
David percibió el ardor del verano anticipado golpeándole las sienes. Los libros se amontonaban sobre la mesa, y era inútil intentar evitarlos, dejarlos para más tarde. No había «más tarde» porque los exámenes estaban encima. Con decisión abrió el texto de Historia. «La Historia es la memoria de los pueblos —decía el profesor— y ustedes tienes que incorporarla a su memoria...» Y un día que un compañero balbuciente se atrevió a insinuar: «Si pudiera entenderla como las Mate-

máticas», el profesor había añadido, indignado: «La Historia no hay que entenderla, hay que conocerla.»

«Por razón de estado, el rey español aceptó en matrimonio a la princesa inglesa, lo cual dio a España la oportunidad de...»

Los matrimonios se arreglaban así en aquellos tiempos. Nada de amor: razón de estado. ¿Cómo entender eso? El recuerdo de la princesa con su traje de novia se interpuso entre David y la lección de Historia. Razón de estado, razón de dinero. Maravillosas razones ambas, reflexionó David. Lo maravilloso era vivir como esas gentes: barcos, casas, criados, secretarias, hasta aviones privados... Cerró la Historia y abrió la Biología. Esto sí, esto sí se entendía: «*... el protoplasma, envuelto por una membrana, encierra un núcleo...*»

Por la ventana cruzó una golondrina que fue a posarse en el alero del tejado de enfrente.

Los pájaros, los seres vivos, tienen explicación. Nacen, crecen, se reproducen, mueren... Investigar, descubrir los misterios de la vida y de la muerte, lograr un día el gran hallazgo que acabe con una enfermedad incurable...

Oleadas de fantasía científica brotaron del libro de texto, se extendieron sobre la mesa, volaron por la ventana abierta hasta ascender al cielo claro de junio. Una nube empezaba a surgir detrás del tejado elegido por la golondrina y su negra sombra se extendió sobre la calle.

El olor penetrante del ozono refrescó el aire con el anuncio de la tormenta. «Si lloviera —se dijo David— sería más fácil estudiar y respirar.» Pero, no obstante, se concentró en sus libros.

Caían los primeros goterones sobre el alféizar de la ventana cuando la madre le llamó para cenar.

—Buenas noches, hijo —dijo el padre, con su voz débil de convaleciente.

David le sonrió. La conciencia del trabajo cumplido hacía grata la presencia del padre. Él era un premio para el padre; él sería un estímulo para ayudarle a vivir.

David sonrió al padre, y desde la revista abandonada en la butaca, la princesa le sonrió a él.

También en ese mundo de princesas la ciencia era estimada y exaltada. Recordó las reseñas de la gran sociedad: «A la fiesta asistió la aristocracia de la sangre, las artes y las ciencias...» El científico era un aristócrata. «*Aristoi,* del griego, los mejores.»

David volvió a sonreír al cansancio del padre, a la esperanza del padre, y por el pecho le subía la ternura mientras saboreaba la sopa de estrellas («hidratos de carbono», se dijo) lenta, deleitosamente.

Capítulo quinto

I

Nueva York, enero 1964

Querido David:

Acabo de llegar de Nueva Orleáns. Un gran amigo me invitó a pasar el fin de año en su casa de Louisiana. Mi corazón francés se estremecía al llegar a la ciudad. Hay huellas nuestras, hay recuerdos, hay aroma francés. Pero también español. Las verjas y los jardines de las casas en el French Quartier me parecen muy españoles. Repartámonos esta belleza: Nueva Orleáns conquistada por franceses y españoles. Estoy contenta. Nada puede compararse a un buen viaje, una buena salida de uno mismo, de las pequeñas rutinas, las nuevas ataduras, los viejos recuerdos persistentes. He llevado mi corazón francés a navegar por el Mississipi. Los árboles y arbustos entran en el río y una exuberante vegetación cubre sus márgenes. Las casas coloniales se yerguen a la orilla, abandonadas muchas, todas barnizadas con el marfileño resplandor del pasado. Navegando entre islotes se llega al cementerio francés. Allí, en una revuelta del río, hombres que fueron mis compatriotas duermen en sus tumbas arropadas por el verdor del trópico. He vuelto destrozada de melancolía, embriagada de belleza. La hermosura de América me traspasa. Hay algo en ella que me espanta y me seduce al mismo tiempo. Lo discutía con Bob, mi amigo y anfitrión. En la veranda de su casa tomábamos cócteles, y el alcohol, el rítmico vaivén de las mecedoras con el olor de la madreselva que trepaba por la madera calada, me trastornaban deliciosamente.

«América —decía Bob— es la gran resaca de Europa. Somos la consecuencia de vuestra embriaguez.»

He vuelto a Nueva York y está nevando. Durante todo el día me ha perseguido la nostalgia de los climas cálidos. Alguna vez me iré a una isla del Mediterráneo, plantaré mi higuera y mi buganvilla y aprenderé a envejecer. Esperaré como Walt Whitman que llegue la vejez «con la deliciosa seguridad de la muerte». Pero, mientras tanto, también es deslumbrante vivir en una gran ciudad nevada. Es alegre salir forrada de pieles de la cabeza a los pies, andar entre la gente, entre el color y el ruido de las calles, sorteando columnas de vapor que se elevan del suelo, aliento ciego desprendido de trenes subterráneos repletos de topos cansados.

Es hermoso vivir en cualquier parte si te das cuenta de que estás viviendo. Ahora me dirás: estás enamorada... Quizá, tal vez, no puedo asegurarlo, pero me estoy sintiendo intensamente viva. Robert es un excelente compañero. Trabaja para el National Geographic y siempre tiene proyectos nuevos, apasionantes rutas que prepara con entusiasmo. Y, sobre todo, no tiene nada que ver con mi trabajo, y eso me estimula y me enriquece.

Los dos hijos de Robert pasan algunos fines de semana con él. Me apasiona el contacto con estos niños, acostumbrada como estoy a los pequeños náufragos que cada día trato de sacar a flote.

Los niños de Bob se ríen por todo, juegan con todo, se afianzan a la vida contra todo. Sus padres, juntos o separados, les han dado dos magníficos puntos de apoyo desde los cuales se proyectan al mundo con toda la energía imaginable.

No sé por qué te hablo de estos niños que no son niños míos. Se me olvida que tú también tienes dos hijos. Me cuentas pocas cosas de ellos y, sin embargo, tienen que haber transformado tu vida.

Es maravilloso tener un hijo, pero lo veo muy lejano. Un hijo tiene que llegar en un momento de madurez y calma, y yo aún no he alcanzado ese momento. Dudo de muchas cosas. No he decidido si volveré a Francia o seguiré aquí por más tiempo. Todavía es muy pronto para la propia vida.

Hoy he hablado sobre todo de mí. Mejor así. Mis cartas son amargas estos últimos tiempos. Te ataco sin piedad y no sé si tengo derecho a hacerlo. Derecho, por supuesto que no; quiero decir, no sé si es justo.

Después de todo, debo a tu deserción esta serena disposición, esta conciencia de estar viviendo plenamente mi juventud.

Y tú también me estás debiendo que me haya mantenido firme y lejana en cuanto a lo que es, ya, nuestro pasado.

Tú con tus niños y tu mujer, y yo, aquí, con Bob y los hijos de Bob. ¿Por qué no?

Un beso,

Annick.

II

—La madre parece la verdadera viuda. No sale de casa, no quiere ver a nadie —dijo Genoveva.

Había un punto de ironía y un remoto, apenas expresado, reproche o quizá sólo asombro y molestia por la apropiación indebida de un papel que no era el suyo.

Julián no contestó. Administraba sus palabras porque estaba cansado. Se limitaba a las respuestas esperadas, solicitadas por Genoveva, como un momento antes, cuando ella había preguntado: Pero a la madre ¿sí la conocías...?

Y él había tenido que contestar: Sí; a la madre, sí...

Afirmación que había dado paso a esta aclaración o noticia o comentario maligno acerca de la madre, edípica viuda, exhibicionista insoportable de un dolor que pretendía ser ejemplar.

—Sólo quiere ver a María, que siempre ha sido su favorita... —continuó.

Le pareció que Genoveva no esperaba respuesta y prefirió callar. Además, tenía la boca seca y la urgente necesidad de alcohol le nublaba la vista. Necesitaba hacer algo. Levantarse, no. Acercarse a la botella y al hielo, no. Los músculos se resistían, entumecidos, agotados, tensos. Hablar, pedir, suplicar era fácil, pero no podía articular palabra. Una complicada táctica de acercamiento empezó a elaborarse en su cerebro. El vaso. ¿Dónde estaba el vaso? «Alguien ha retirado mi vaso.» Lo había dejado cerca, al alcance de la mano. «Quizá ella lo ha visto vacío y, sin yo darme cuenta, lo ha apartado de mí, me lo ha quitado porque no quiere que beba, teme que beba, teme que le diga la verdad: No te quiero, Genoveva; quiero huir de ti, pero no me quites el vaso; me quedaré si me alcanzas el vaso. Mañana será diferente, pero ahora necesito una copa para poder hablar.»

—María era también la favorita de David —añadió Genoveva.

Había pasado mucho tiempo; ya estaban olvidadas las frases anteriores...

«*Mi favorita, sí. Mi adorada, mi futuro. María me cuidará, me traerá tantas copas como yo quiera. Si ella estuviera aquí me alcanzaría la botella y el vaso; ella me entiende, mi niña me consuela, me defiende de ti. Mi madre también me defendía cuando era niño, me defendía...*» Eso hubiera dicho David... Porque eso era lo que decía David: Mi madre era dura, pero cuando mi padre me atacaba ella me defendía... «*María, ven. Dale a tu padre sólo una copa más.*» David lo hubiera dicho, lo hubiera gritado desde su sillón, el mismo que él ahora ocupaba...

—¿Te pasa algo? —preguntó Genoveva.

Encendió la luz, y la penumbra en que se habían ido deslizando se convirtió de pronto en una claridad hiriente. Julián cerró los ojos, inclinó la cabeza sobre el pecho y Genoveva repitió:

—¿Qué te pasa?

Pero en ese momento, milagrosamente, el vaso había regresado, había nacido de las tinieblas, estaba cerca, a su lado; la luz había resucitado el vaso. Julián lo levantó por encima de su cabeza hundida y lo dirigió hacia Genoveva sin palabras. Ella entendió en seguida y se aprestó a llenarlo. «Sólo queda acercarlo a la boca...»

Cuando levantó los ojos hasta Genoveva, el triunfo y la agonía brillaban en su mirada.

—No pasa nada. Estoy muy bien —dijo.

Un nuevo brío le impulsaba a hablar. Sus primeras palabras brotaron con un estertor alegre:

—Estaba seguro —farfulló. Y continuó con voz más clara y firme—: Estaba seguro de que David adoraba a su hija.

Temió que Genoveva preguntara: ¿Por qué?

Podía haberle dicho: David fue siempre amado por las mujeres, su madre, su hija, tú. Estaba olvidando a Annick. En su bruma advirtió que las mujeres de David habían sido fuertes. David amó a mujeres más fuertes que él. La madre, con la blanda resistencia de un tallo vegetal; Genoveva, metálica; Annick, con el vigor de un caballo, un galgo, algo de piel y hueso que corre, que galopa. ¿Y la hija? María, cristalina, transparente, pero con la dureza indestructible del agua escapándose entre los dedos del padre...

—María le complacía en todo. Hasta el novio que eligió era el chico que David quería para ella... —dijo Genoveva.

Por primera vez Julián no percibió matiz alguno de rabia o disgusto al hablar de David. «Se ve que en eso estaban muy de acuerdo», pensó.

—Y cuando María quiso ir a Francia, a un colegio francés como sus amigas y él se opuso, María lo aceptó sin discusión...

Un rayo se filtraba entre la niebla del sopor.

—A Francia, ¿por qué no? —preguntó Julián.

Genoveva, sorprendida por el repentino interés en lo que no pasaba de ser un ejemplo de la complacencia de María ante los caprichos del padre, se quedó un momento en suspenso.

—No sé. No le gustaba. Creo que prefería la educación inglesa, más rígida, más seria. Y luego yo también me había educado en Inglaterra, con las monjas...

«También en esto estaban de acuerdo: Francia, no.» La negación de David le devolvió a un tiempo en que los dos soñaban con París. Inexplicablemente había vuelto a olvidarse de Annick. Negar a Francia era negar a Annick. La amargura le quemaba la boca, pero no podía gritar. Tenía que seguir entero, controlado, tranquilo.

—¿Podrías pedir que me hicieran un café? —suplicó.

Y mientras Genoveva se dirigía al timbre, Julián vio que la noche lo ocupaba todo. Las cortinas estaban descorridas, pero a través de la ventana sólo penetraban sombras. El cielo se fundía, oscurísimo, con el perfil de la tierra. Un viento fuerte golpeaba los árboles. Se oía el rumor de las ramas desprendiendo hojas resecas, montones de hojas que borrarían los caminos. El otoño se precipitaba sobre el parque de Genoveva, sobre su piscina, sobre su arrogante voluntad de prolongar, un poco más, el verano.

III

El muchacho escondió la cabeza en la almohada y lloraba. David y Poli se miraron desconcertados. Luego Poli miró hacia fuera por la ventana y pudo contemplar la desolada planicie que se extendía más allá de la casa, última vivienda del último enclave habitado de la ciudad. Las gallinas picoteaban en busca de un grano perdido en la tierra apisonada de la calle.

David miraba al amigo y buscaba una palabra, un argumento, un consuelo para borrar las lágrimas.

—No te pongas así. Tienes setiembre... —fue todo lo que se le ocurrió decir.

Pero el amigo no volvía la cabeza. Seguía llorando y su espalda se movía rítmicamente en pequeñas convulsiones. «Casi no cabe en la cama —pensó David—. Es muy largo.»

Una perturbadora imagen de Javier muerto, Javier extendido en un ataúd, le acongojó. Recordó que nunca le había visto enfermo, y se tranquilizó a sí mismo evocando su furia en los deportes, su fama de goleador en los partidos de fútbol del colegio.

Poli seguía mirando por la ventana y no le ayudaba nada.

—Verás qué pronto te levantas, y si estudias un poco cada día, en setiembre lo apruebas todo... —insistió David, machacón con el asunto de los suspensos. Porque eran los suspensos los que le habían hecho llorar, eso estaba claro. Parecía tranquilo cuando llegaron, y hasta se había reído cuando contaron las últimas hazañas de la clase; pero de pronto había preguntado: «¿Os han leído ya la lista de los que pasan curso?» Y ellos no habían podido evitar la verdad: «Sí, Javier;

la han leído y tú no estás. Parece que te cargan las Matemáticas.» Entonces se había dado la vuelta y se había echado a llorar con la cara tapada por la almohada, y ahora Poli miraba por la ventana y sólo él, David, trataba de cortar ese llanto de chico grande, un llanto un poco vergonzoso en un muchacho de esa edad...

Repentinamente, Javier se dio la vuelta y mostró su cara enrojecida y húmeda. Los ojos habitualmente pequeños casi desaparecían entre los párpados hinchados. Ya no lloraba. Preguntó, señalando a Poli:

—¿Y éste aprobó?

Poli se volvió y contestó lacónicamente.

—Sí.

Javier no dijo nada, pero David sabía, era fácil saber lo que pensaba: «Poli es peor que yo, pero le aprueban porque da clases con el sobrino del profesor de Matemáticas...»

Conciliador, David intervino:

—Has faltado tanto... Si no hubiera sido por la faena de la pulmonía, sacas nota.

Poli no dijo nada. Se había sentado en la única silla, al otro extremo de la pequeña habitación. Sobre una mesa estaban los libros de Javier. En la pared había un calendario. Y eso era todo: la cama, la mesa, la silla y el calendario con muchos días tachados.

«Los días de la enfermedad probablemente», diría más tarde Poli, cuando ya caminaban calle adelante. Al principio marchaban en silencio. En cuanto se alejaron un poco, David se detuvo, miró hacia atrás, hacia la miserable fila de casas de un piso, la calle silenciosa, sin tiendas, sin habitantes.

—Parece un pueblo abandonado —dijo.

—Todos estarán trabajando —apuntó Poli.

En seguida empezaron a hablar de Javier.

—¿Tú crees que le reñirá el padre? —preguntó Poli.

—No creo. ¿Qué culpa tiene él, si está malo?

—¿Por qué lloraría entonces? —siguió preguntando Poli.

David le contempló con asombro. Tal muestra de insensibilidad le indignó, pero Poli era un buen amigo y trató de explicarle, serio y paciente, las causas del llanto de Javier.

—¿No te das cuenta que va a perder la beca? Además, su padre no le puede pagar clases por el verano. ¿Y si suspende otra vez en setiembre?

—Tendrá que repetir por libre —sugirió Poli.

David sentía a veces, estaba sintiendo en este momento, un sofoco por las injusticias observadas a su alrededor, una larga lista de injusticias que se le agolparon en el pecho y le hicieron sonrojarse cuando dijo:

—Nosotros no nos damos cuenta de lo difícil que es la vida, Poli. Javier es listo, y tú lo sabes. Pero nosotros lo tenemos todo a favor y él en contra...

Poli se le quedó mirando con extrañeza.

—No te entiendo, David. No sé qué quieres decir. Nadie tiene la culpa de la enfermedad de Javier.

Poli quería ignorar la verdad; Poli se escurría eludiendo el núcleo de una situación que estaba clara. Los dos habían contemplado aquella vivienda, aquel camastro, aquel barrio perdido en que vivía Javier. Pero Poli no quería profundizar en el molesto asunto.

Andaba de prisa, y cuando entraban por las calles asfaltadas rumbo al centro de la ciudad volvió a hablar:

—Mi padre dice que todos tenemos lo que nos merecemos. No creas que él empezó de rositas. Luchó como nadie durante años muy difíciles en su juventud, y sigue luchando para mantener a flote sus negocios, y yo también tendré que luchar cuando me toque. Lo que pasa es que hay mucho pobre de espíritu en este mundo...

Había una solapada acusación al padre de Javier, una repugnante, intolerable acusación. David pensó detenerse, decirle a Poli: «No te lo consiento.» O, más sencillo, decirle: «Adiós, me voy a casa.» Y no volver a hablarle; bueno, hablarle sí, porque el ataque no había sido dirigido contra su propio padre, pero no tenerlo de amigo preferido; sólo: «¿Qué tal? Adiós, ya nos veremos...»

Paralelamente, la idea de convertirse en amigo íntimo de Javier le inquietó: con Javier sólo podría ir a jugar al fútbol al campo del colegio o al cine si invitaba David. De chicas, nada, porque las chicas que a él le gustaban no mirarían a la cara a Javier.

Ya entraban por la calle principal y el paseo empezaba a animarse con el atardecer. Pronto las terrazas de los bares, las aceras anchas, toda la calle se llenaría de risas y llamadas y gritos, y las conversaciones flotarían por encima de los grupos, estallarían con la alegría y el esponjoso florecer del verano.

—¿Entramos? —dijo Poli al alcanzar el lugar de moda, el más elegante sin duda, el frecuentado por las personas que David admiraba. Una fugaz imagen de Javier y su llanto solitario, Javier desconsolado, Javier vapuleado por la vida, asaltó a David.

—Entro con una condición —decidió, muy serio.

Poli saludaba con la mano alzada a una amiga entrevista, la llamaba, gesticulaba, reía, se movía ya en la rueda de la fiesta.

—Tú dirás —dijo, y sonrió.

—Que mañana volvemos a ver a Javier —propuso David.

—Bueno... —dijo Poli. Y se encogió de hombros.

Capítulo sexto

I

Nueva York, mayo 1964

Querido David:

Al parecer viajas mucho. Recuerdo que te gustaba viajar. Mejor dicho, hablar de viajes, porque entonces, cuando yo te conocí, habías viajado muy poco todavía. Viajas, pero me da la impresión de que, sobre todo, recorres aeropuertos y hoteles. Explora un poco más. La exploración puede ser corta o larga, pero hay que detenerse alguna vez, un momento, un día, un mes. Detenerse y mirar alrededor, y hacerse preguntas sobre lo que nos rodea y nos maravilla o nos asusta y tratar de entenderlo. Yo viajo muy poco. Este país te engancha, te prende, te exprime. Al principio parece que te mueves sin cesar. ¡Es tan fácil un fin de semana en el Cañón del Colorado o en Nuevo México! Pero en seguida te das cuenta de que eso no es viajar: es trasladarse de un lugar a otro, de carretera en carretera, casi siempre en la carretera, a la busca de algo que no es el paisaje ni las casas ni las gentes. Algo angustioso y escurridizo que acaba de esfumarse justo cuando tú llegas. Recuerdo varias experiencias de ese tipo. Viajamos mil o dos mil millas para asistir a un acontecimiento que va a producirse en algún lugar. O tal vez tienes que conocer a alguien que está ahora mismo allí: «Cogeremos el coche y será fabuloso participar del suceso», o: «Fantástico poder pasar una noche charlando con él o ella o los dos personajes que te digo.» Y cuando has devorado ameneceres, mediodías, ocasos de *highway*, cuando alcanzas el puerto deseado, cuando llegas, te dicen: «¡Oh, qué lástima! Precisamente hace dos horas ha terminado todo.» O también: «No hace ni media hora que él se ha ido hacia Denver, Colorado. Le esperaban allí sin falta. ¡Oh, lo siento!»

Y regresas al punto de partida con el cansancio de un rallye perdido y la conciencia de que pronto habrá una nueva carrera convocada. Exagero; no siempre es de ese modo. También hay viajes con destino feliz, caminos que se convierten en deliciosas aventuras. Este invierno decidimos un día marcharnos a Chicago. Teníamos allí una cita con un amigo en apuros. Era un disparate, porque nevaba sin cesar y al cabo de algún tiempo no se podía ver más allá del cristal del parabrisas. La radio amenazaba con consejos: Deténgase, no salga hasta mañana, espere a ver qué pasa... Una luz a la orilla de la autopista nos reclamó: Un restaurante abierto. Éramos cuatro amigos, y los cuatro decidimos que era mejor bajar. La casa era pequeña y aparecía allí, solitaria en la nieve como la casa que encuentran en el bosque los niños perdidos de los cuentos. Había un nombre francés en el anuncio luminoso, pero eso no era raro; lo asombroso fue que la dueña resultó ser una auténtica francesa, del Perigord para más señas. Empezamos a hablar en nuestro idioma, y yo tuve la extraña sensación de que las dos habíamos llegado al mismo tiempo, desde naufragios diferentes, a la isla salvadora. Nuestro encuentro fue alegre. No había otros clientes en la noche tormentosa y helada. Elaine y su marido americano nos pasaron a la cocina, y entre todos preparamos la cena más fastuosa que imaginarte puedas. Y, ya ves, no íbamos desalados al encuentro de la casa encantada. Estaba allí esperándonos... Divago; vago a la ventura, ya lo sé. Y también reconozco que no siempre tus viajes de negocios se reducen al avión y al hotel. Desde Holanda me escribiste una vez, y se notaba que de verdad estabas allí. Contigo oí el carillón de la catedral tocando la canción del duque español, que tanto asusta a los niños holandeses. Pude aspirar contigo el frío aliento del mar del Norte, y hundirme contigo en la niebla de Scheveningen. Cuando te ataco, me hago trampas. Empiezo irónica, pero al final zozobro en la añoranza.

Estoy cansada. Pronto cumpliré treinta años. ¿Qué

estoy haciendo con mi vida? Nadie acierta, lo sé, pero hay un número infinito de formas de equivocarse.

El último fin de semana lo pasé en Washington. Todos los cerezos estaban en flor. Paseé a la orilla del Potomac y el aire estaba caliente, y el césped de los jardines, húmedo y tembloroso.

Ahora mismo, en cuanto cierre esta carta, mi voluntad de hierro acabará con las incertidumbres: me pondré a trabajar.

Un beso,

Annick.

II

Los dos callaban. Habían pasado minutos, muchos, media hora, o quizá no llegara a la media hora. Quizá un cuarto de hora... En cualquier caso, minutos alargados por el silencio, imposibles de registrar al carecer de referencia externa. Porque si no se habla, el tiempo se detiene, vacío. Hace falta llenarlo con palabras para que el interlocutor las reciba y las acepte o las rechace y, a la vez, nos golpee con su propio conjunto de argumentos para convencernos, por ejemplo, de que David no hablaba mucho de su pasado con Julián, de los años primeros de su amistad, de lo que había sido su libertad antes de conocer a Genoveva... Ésas habían sido las últimas palabras de ella antes de que el silencio se adueñara del salón y lo dejara a merced del único invasor sonoro, el viento, que se colaba por las rendijas de unas ventanas aparentemente herméticas...

—David empezó a vivir cuando nos conocimos —había dicho Genovena, justo cuando él empezaba a beber el café cargado y oloroso.

Y Julián no había mostrado sorpresa, ni asentimiento, ni rechazo ante una afirmación que, con toda seguridad, ella iba a continuar desarrollando.

—David había vivido en una ciudad provinciana una vida mezquina, limitada, pobre...

Era verdad. David solía decirlo: «Tú no sabes, Julián, lo que supone haber vivido aquí desde el principio.» Y señalaba las calles y la gente o un punto muy concreto: una casa al otro lado de la glorieta, una persona que entraba en el café y sonreía a su grupo, todos nombres famosos, nombres resplandecientes en la prensa.

—Tú no sabes —decía David— lo que significa estar ahora sentado en este café...

Sí. Genoveva tenía razón. Pero no había terminado. Seleccionaba entre todos los aspectos de la vida pasada de David uno solo: la pobreza.

—Una vida pobre —repitió, para añadir en seguida—: David no distinguía entre lo auténtico y lo falso, entre lo que vale y lo que no vale...

Movía suavemente una mano mientras hablaba. Giraba la muñeca y los dedos se volvían turbados hacia sí misma, como si apuntaran a su cadena de oro, o quizá era sólo el ademán, porque luego la palma de la mano abierta avanzaba, parecía apartar desoladoras imágenes de David confundiendo lo excelente y lo detestable...

«De algún modo —pensó Julián— eso también es cierto.» David tenía a veces una tendencia a no distinguir lo bueno de lo malo. Se cegaba con todos los brillos, revoloteaba en torno a todos los fanales sin detenerse a observar la luz encerrada...

—La calidad. Tardó mucho en distinguir la calidad... —decía Genoveva.

«De acuerdo», se dijo Julián. Pero seguía sin pronunciar palabra. Dejaba que Genoveva explicase su teoría sobre aquel David joven que ella había encontrado y a quien, al parecer, había transformado. David el torpe. Una sonrisa apenas esbozada se le extendió por dentro en una tierna rememoración del amigo: «Tardaba, pero al fin se daba cuenta.» Desde el principio, desde que Genoveva había iniciado su discurso, Julián sabía que hablaban de torpezas y finuras diferentes. Sabía que cada uno hablaba de su propio David, pero así y todo se sorprendió cuando Genoveva dijo:

—En el año sesenta, David no distinguía la seda natural...

En seguida vino la demostración, la indiscutible prueba:

—Al poco tiempo de conocernos era mi cumpleaños, y David me regaló un pañuelo para la cabeza. Parece que lo estoy viendo: rosa y verde y azul brillante, horrible; parecía uno de esos pañuelos que usan las mujeres de los pueblos en las fiestas. Él se creía que era «seda pura»...

Por entonces, recordó Julián, y mucho antes, ya distinguía David entre Chagall y Klee. Pensó decir: «Hemos sido dos buenos profesores», pero continuó en silencio, y ahora también Genoveva callaba, cansada ya del tema o quizá porque creía suficiente un ejemplo para que él reconociese la pésima educación de David.

—Cuando tú le conociste, me imagino que todavía sería más... —buscó la palabra y no encontraba una suficientemente expresiva, o quizá todas eran demasiado crueles— ingenuo —dijo al fin.

Y a Julián le pareció una buena palabra porque era fácil asentir, asegurar sin miedo a ser injusto:

—Sí, David era muy ingenuo entonces...

No añadió nada más, y cuando Genoveva dijo: «Nunca me hablaba de esos tiempos, de vuestro encuentro, de vuestra amistad, de lo que hacíais, de cómo erais...», en ese punto había comenzado el silencio, se había iniciado el espacio de tiempo inpreciso en que, callados los dos, sólo se oía el viento desafiante y silbador, que penetraba por invisibles puntos de las ventanas cerradas y se extendía, entre desfiladeros de muebles, por el salón.

III

Sobre la mesa de la cena, los turrones, amarillentos, blancos, tostados, reposaban en bandejas de plata bruñidas para la ocasión. Tres copas de champán casi llenas erguían sus tallos labrados delante de cada uno de los tres. El padre, anclado en su insistente lejanía, callaba. Ya no ejercía su papel de padre, marido, capitán de una nave, pensó David, rumbo a ninguna parte.

Otras Nochebuenas, todas grises, todas aburridas en el recuerdo, el padre intentaba resucitar el fulgor de la fiesta.

«Cuando yo era niño —contaba—, los abuelos...» Y hablaba de adivinanzas, juegos, brindis, canciones. «Éramos muchos hermanos», terminaba. Y la afirmación justificaba la alegría, el color de aquellas Navidades de la infancia remota, embellecidas por la acción selectiva de la memoria.

La lámpara del comedor suspendía sus lagrimones traspasados de luz sobre los platos, los dulces, las manos de los tres, abandonadas sobre el borde de la mesa. Nadie comía. Nadie estimulaba al otro a comer. David miró hacia el techo, lleno de desconchones, y le pareció que la escayola resquebrajada del floripondio podía arrastrar en cualquier momento a la lámpara en su caída. Sería una catástrofe: la lámpara destrozando la mesa; los cubiertos de plata de las solemnidades, saltando por el aire; los platos de china conservados durante tantos años, hechos añicos. Sería un cataclismo estimulante y deseable: la destrucción definitiva del hogar y de las Nochebuenas.

Hace un instante, la chica había entrado en el comedor y con voz inquieta, como si temiera una negativa, había preguntado:

—¿Me deja ir la señora a la Misa del Gallo?

La madre hizo un gesto afirmativo; ni siquiera se molestó en decirle:

—Claro que puedes ir; pásalo bien...

La madre se volvía más amarga en las fiestas. Siempre había ocurrido así. No era tan sólo la salud del padre, tan quebrantada en los últimos tiempos. Era un viejo rencor, un antiguo resentimiento cuyo origen David no conocía ni se había detenido nunca a analizar.

«Mamá odia las fiestas.» Eso sí lo sabía. «Las odia desde que yo recuerde.» Ella nunca había evocado, como antes solía el padre, Nochebuenas pasadas, festividades archivadas en el recuerdo, suavizadas por la neblina del tiempo ido. Siempre áspera y ácida en las fiestas. Por primera vez, y sin proponérselo, un fugaz rayo de comprensión desveló en David una pregunta: ¿Había sido feliz su madre alguna vez? A la pregunta siguieron otras: ¿Había disfrutado cuando niña o joven o recién casada de esa beatitud, esa dulzura que irradian los seres dichosos? ¿O, por el contrario, su vida se limitaba a una sucesión de hechos encadenados entre sí por horas mortecinas, días sin brillo, años de desesperanza?

En un libro piadoso que la madre solía hojear, había

leído una vez: «La mujer es el alma del hogar. Como ella sea, así será su hogar: alegre y limpio, o triste y sórdido...» El hogar de su madre no respondía a esquemas tan sencillos. Era un hogar tranquilo, limpio y ordenado, pero frío y desierto. Por hacer algo, por romper con un movimiento voluntario la escena petrificada en la que estaba tomando parte, David alargó la mano hacia su copa y la acercó a los labios. El champán, templado y ácido, le dio náuseas. Se levantó y fue hacia el cuarto de baño.

Cuando regresó, desde la puerta vio a los dos en la misma actitud en que los había dejado. Sus perfiles destacaban sobre el encaje gastado de los visillos, uno enfrente del otro y la mesa vestida de hilo en medio, los dulces olvidados, la lámpara envolviéndolos en el mismo círculo de luz. «Están muertos —pensó David—, parece que están muertos.»

Se acercó a la ventana y levantó el visillo. Afuera, las farolas de la calle aparecían rodeadas de un halo de niebla helada.

Los tejados cercanos se adornaban con estalactitas que colgaban diminutas de los aleros. Los árboles de las aceras estaban blancos de escarcha. Huir. Ésa era la palabra que mejor expresaba su estado de ánimo. Deseos de huir, de alejarse de la pareja que pretendía arrastrarle al pozo de soledad, indiferencia, hastío, en que vivían. Regresó a la mesa, y al inclinarse sobre la madre para besarla le pareció que sus ojos tenían un brillo de lágrimas no derramadas. Luego miró al padre. Sus ojos estaban secos, y al besarle esbozó una levísima sonrisa, una mueca apenas, y en voz baja dijo: «Adiós, hijo.» Cuando cerró la puerta de su cuarto, David se derrumbó vestido sobre la cama. Una gran congoja le asfixiaba, pero no podía llorar. Sentía que una sombra le cercaba, envolvía su casa, su ciudad, los senderos ceremoniosos de la infancia que había recorrido de la mano del padre. Su vida se debatía constantemente bajo esa sombra. No se filtraba un rayo de luz a través de ella y, peor aún, no se vislumbraba luz alguna en el horizonte, lejos y fuera de la sombra.

El cuarto se estaba quedando frío. Se quitó los zapatos y se deslizó bajo la colcha de lana. Muy cerca, en la plaza de la Catedral, sonaron las doce campanadas. Le pareció oír el sonido armonioso del órgano, las voces de los fieles cantando la alegría de su Gran Nueva.

Las lágrimas se agolparon en sus ojos. En otro lugar, en otro mundo habría un hueco para él, para su juventud y su vigor y sus deseos de vivir. «Tiene que haber algo más, necesito algo más, espero algo más», se dijo David. Y se fue quedando dormido mientras el llanto descendía por sus mejillas.

Capítulo séptimo

I

Nueva York, febrero 1965

Querido David:

He pasado el fin de semana con Brigitte, mi amiga francesa, mi primera compañera de apartamento en Nueva York. Ella sigue en el Village y ahora vive con un italiano periodista, poeta, *beatnik*..., ¡que conoce a Julián! El verano pasado se instaló en Ibiza y cada tarde iba al bar de Julián. Le he preguntado tantas cosas de nuestro amigo, me ha contado tantas cosas, que ahora mismo arrastro una resaca enloquecida hecha de frases de Julián y comentarios de Carlo. Toda la noche hablando de Julián. Julián tras su barra, mirando hacia la puerta siempre abierta que enmarca, dice Carlo, un trozo azul de mar y la proa de un barco anclado en el puerto. Julián bebiendo con amigos y clientes, escuchando mil veces la música insistente de *Et maintenant* que, dice Carlo, machaca los cerebros de los bebedores. Sólo discos franceses, sólo Gilbert Becaud, Ives Montand, Brassens y la Piaff. Dice Carlo que un día, extrañamente, sonaba otra canción: la que dejó en tus manos aquel americano al que una noche ayudaste a encontrar su casa. «Perdido, *lost*», decía, y tú le acompañabas por las calles en cuesta. «Arriba», te decía, arrastrando su cuerpo de borracho. Al llegar a la cárcel, «*Here*», te dijo, y tú le convenciste de que no era posible, aunque hubiera sido maravilloso vivir allí, quedarse en el patio profundo como un pozo, con un solo árbol y el cielo y las estrellas como techo. Su casa estaba cerca. La descubrió al oír la música que saltaba rodando calle abajo desde la terraza iluminada. Tú le dijiste: «Me gusta esa música, me gustan las palabras: *I keep cryin' for more...*», y él, con urgente cordialidad, con efusión arrolladora, te dijo: «Tuya, tuya.» Y subió la escalera de prisa para bajar al pronto a trompicones con un disco en la mano.

No sabía que Julián era el último dueño, el actual depositario de ese disco. No me parece mal. Era de todos. Está detrás de muchas noches, como una bóveda que nos devolviera ecos de lo vivido, fundidos en la vieja melodía.

«Un tipo nostálgico Julián», dijo Carlo. Y Brigitte aventuró: «Destruido.» Pero Carlo lo negó. «Indestructible —dijo—. La nostalgia protege, envuelve, aísla...» «Pero la nostalgia —dijo Brigitte— es un regreso al dolor.» «Un suave regreso, un regreso constructivo —replicó Carlo—. Lo que aniquila y desintegra y mata es la carencia de estímulos dolorosos a los que regresar. El vacío como toda proyección, eso es lo que destruye...»

Yo les dejaba hablar y pensaba en Julián. No he vuelto a recibir noticias suyas. Yo tampoco le escribo. Me parecía —quizá también a él— que tú serías siempre el nexo entre los dos. Así fuimos perdiendo nuestro propio contacto, o quizá no fue eso, sino la lejanía, la pérdida de la presencia física que va tachando días que parecían imborrables. Y, sin embargo, nunca debiéramos descuidar la amistad, más preciosa, más generosa que el amor. Pero la amistad exige un cultivo fatigoso, un permanente cultivo basado en el conocimiento y la mutua aceptación de que lo más importante de nosotros no pertenecerá nunca al amigo, no se entregará al amigo, sino al otro ser, difícil y exigente y muchas veces cruel, que es el amado.

Dejemos los delirios. Lo importante es que he tenido noticias frescas, recientes, de Julián. Me he sentido sacudida por la nostalgia; he regresado al dolor de saber a Julián en su bar de la isla, mirando hacia la puerta a la espera de una sombra que llene el vacío del umbral. La música francesa que suena en su guarida es la misma que oíamos en la casa de la playa. Pero los discos tienen que ser distintos. No pueden durar tanto los de entonces. Se rayan, se desgastan, se oscurece el sonido. Los discos nuevos y la misma música. Por cierto, no he logrado encontrar en parte alguna el que te regaló el americano perdido. Si lo encuentro, te enviaré la letra de la canción entera. No logro recordar más que una estrofa:

I keep cryin' for more,
more, more...

Un beso,

Annick.

II

—Lo que está fuera de toda duda —dijo inesperadamente Genoveva— es que David tuvo suerte al encontrarse con nosotros.

Buscó la mirada de Julián para que apoyara su afirmación, y Julián advirtió que sus palabras eran el resumen de todo lo que habían hablado un rato antes y que ella había madurado en su largo silencio. Y, sobre todo, comprendió que con ese «nosotros» Genoveva estaba reconociendo en él a uno de su casta. Recordó el *basset hound* que el tío Juan le había traído de Londres cuando era niño, y cómo le había dicho, riéndose: «Cuidado, Julián, que éste sólo se aparea con los de su raza; sólo cuando huele a los de su raza.» Genoveva había descubierto por sí misma, utilizando el instinto de su especie, el origen de Julián. Aunque David le hubiese enumerado apellidos, fortunas, distinciones, glorias ganadas y perdidas —no sabes, la familia de Julián—, Genoveva le habría escuchado distraída, y sólo cuando ella misma lo hubo olfateado aceptó la rara clase, la exquisita educación, el buen aire de aquel príncipe disfrazado de mendigo.

Por eso había estado todo el tiempo haciendo de él un cómplice pasivo en los juicios, indagaciones, confidencias acerca de David. Y él había tolerado el juego sin el menor escrúpulo, no se había detenido siquiera a rechazar las hirientes confesiones hechas para humillar al amigo muerto. Porque, en el fondo —tuvo que admitirlo—, estaba de acuerdo. También él podía haber reconstruido la desmañada estampa del muchacho que todo lo aprendió con ellos dos. Genoveva había hablado en las claves de un código que él creía olvidado, y había caído en la trampa. Pero no era más que eso: una trampa. David estaba por encima de aquella crítica mezquina. Era verdad que ellos sabían distinguir un perfume, el estilo de un mueble, el bouquet de un vino, pero Julián colocaba en su sitio esos conocimientos y Genoveva los esgrimía victoriosa para mostrarle hasta qué punto David se había esforzado en asimilarlos y los había valorado mucho más que otros aprendizajes.

Una ira violenta diluyó su intento de templanza, apenas conseguida con el café. Casi de un salto se levantó, cogió un vaso y lo llenó de Chivas «doce años» sin pedir permiso, sin disculparse, sin la educada cadencia que había utilizado hasta ese instante cada vez que decía: ¿Puedo tomar una copa?

Genoveva había vuelto a su silencio. Se miraba las manos, inmóviles sobre el regazo, desnudas de anillos: «Ya ni alianza —había observado Julián—; la alianza se ha roto para siempre.» Y precisamente cuando él se disponía a beber el whisky seco, renunciando a pedir más hielo, a pedir nada que supusiera un compromiso con la mujer que tenía enfrente, ella dijo de pronto:

—Estaba pensando si el día que tú y yo nos conocimos no fue precisamente el día que David te preguntó cómo andaban los terrenos por Ibiza. Quiero decir, los precios de los terrenos...

El repentino cambio de tema puso en guardia a Julián. Algo, tras la frente tersa de Genoveva, estaba pugnando por salir. Una confusa noticia, una presunción, una sospecha. Y una vez más se dirigía a él para pedirle asentimiento, para exigirle complicidad, información.

«El día que tú y yo nos conocimos —se repitió Julián, mientras el fuego del licor abrasaba su garganta y una conocida exaltación ascendía hasta su cerebro—. El día en que nos conocimos estábamos citados en la terraza de un restaurante que solíais frecuentar. Era verano, llevabas un traje blanco, tenías veinte años menos...» Ese día no se habló de Ibiza. Sólo se habló de lo bien que los dos organizaban su vida. Ya había un niño, por lo menos uno.

—No sé adónde quieres ir a parar —dijo Julián—, pero el día que nos conocimos no hablamos de Ibiza...

Las espadas estaban en alto. Julián no sabía qué batalla estaba en juego, pero se sentía capaz de librarla con ayuda del líquido que bailaba en la copa caliente, entre sus manos.

—No sé por qué me hablas de Ibiza —añadió.

Un día, no recordaba cuándo, él andaba por Madrid buscando ayuda familiar para la galería de arte. Ya había cerrado el bar. Era invierno. Se citó con David y hablaron de Ibiza. Pero no delante de Genoveva, estaba seguro. David soñaba, desbarraba. «Compraré en Ibiza, construiré en Ibiza —decía—, me haré un refugio y me retiraré algún día a trabajar. ¿Sabes que tengo varios temas en proyecto?» «No delires, David —le había dicho él—. Pon los pies en la tierra. Con Genoveva...»

No pudo terminar la frase porque allí estaba Genoveva, entrando por la puerta del bar donde charlaban, sonriente y un poco más hermosa, más segura de sí que hace unos años. Genoveva diciendo: «Nos vamos. Es ya hora de cenar...» Eso fue todo. Y ahora Genoveva buscaba algo. Quería que él la ayudara y recurría a un dato engañoso...

—Te hablo de Ibiza —dijo Genoveva tranquilamente, pasando por alto la agresividad de él, el recurso del alcohol como soporte de su infantil empeño guerrero— porque en el testamento de David ha aparecido una extraña propiedad: una casa en Ibiza, cerca de San José, junto a una cala; una casa pequeña, a juzgar por la descripción que de ella se hace en la escritura...

Julián inclinaba la cabeza sobre el vaso y lo mecía suavemente. En el leve oleaje prisionero, el recuerdo emergió como un iceberg entre la niebla. La casa de la cala estaba allí, blanca y morada y verde, la cal, las buganvillas, la parra... La casa de David y Annick al borde del mar: ése era el paisaje recordado. La ventana de la memoria se abría sobre una escena que ahora aparecía con toda nitidez y que tenía que ver con el paisaje. Aquel día, aquella noche de Madrid, después de la cena, cuando Genoveva se había ido a dormir, ellos siguieron bebiendo. La noche les transportaba muy lejos de la atmósfera confortable del salón. Abajo, en el ancho paseo, los coches circulaban raudos con la prisa de la madrugada. «No puedo olvidar a Annick —había dicho David en voz muy baja—, no puedo olvidar Ibiza.» Y él se había callado porque era difícil decir la verdad, descubrir a un ciego el color de las cosas, describirle cómo eran.

«Voy a comprar la casa de la cala... No pararé hasta que la consiga.»

Eso era lo que estaba detrás de la ventana. Eso era lo que estaba delante del paisaje, borrado, desterrado, rechazado para siempre por Julián. No podía levantar los ojos del vaso. No podía mirar a Genoveva. Porque acababa de descubrir que aquella noche y aquella frase era lo último que conservaba de David. La última vez que se vieron.

Al cabo de un cierto tiempo, la ventana se cerró y Julián, sereno, pudo hablar.

—Ya sé de qué casa hablas. Pero no sabía que la hubiera comprado David...

III

«El amor es la atracción de un sexo hacia otro», contestó David. El profesor de Filosofía era un muchacho rubio, con gafas, tímido y hacía preguntas sorprendentes a los chicos. Como ésta que le había correspondido a David: «¿Qué es el amor?» La respuesta era una definición de diccionario; precisamente pocos días antes se la había encontrado David al buscar otra palabra. Algún compañero reía entre dientes. El profesor enrojeció.

—No es eso exactamente —dijo—. Yo quiero que me digas qué es para ti el Amor con mayúsculas; el Amor como sentimiento elevado...

David no supo qué decir. Porque no estaba seguro de si le hablaban del amor a Dios, a los Padres, a la Patria, elevados destinatarios que exigían, como ese Amor, la letra mayúscula.

—El amor —aclaró el profesor— es el sentimiento apasionado hacia una persona del mismo o diferente sexo...

Aquello también sonaba a diccionario, pensó David, y además un poco raro. «A maricón —había comentado a la salida—. Tiene algo de maricón este filósofo.»

Era el último día de clase. El lunes sería la entrega de notas. Luego, el examen en la universidad y el paso definitivo: la elección de carrera.

Salieron todos juntos, los compañeros. Silenciosos cruzaron el parque y remoloneaban, retrasando el momento de entrar en la calle principal y dispersarse para siempre. «Para siempre», pensó David. Y un cosquilleo de angustia le subió a la garganta. «No es la despedida —analizó—. No hay despedida entre nosotros. Es el fin de un camino que se acaba aquí mismo, en la frontera del Parque con la ciudad...»

Un plano en blanco sin rutas señaladas se extendía ante ellos, y se esperaba que cada uno trazase en él su propio itinerario.

—Esto no puede quedar así —dijo el más alto, el más fuerte, el más decidido—. Esto hay que celebrarlo. Se acabó el ser niñitos de los curas. Hoy somos libres al fin...

Todos le rodearon, curiosos y asentidores, y esperaban la propuesta del amigo.

—Esta tarde —les dijo— nos vamos de putas.

Durante unos instantes nadie reaccionó. Luego, alguno retrocedió unos pasos, como queriendo quedar en un segundo plano, lejos del estrecho círculo que se había formado en torno al audaz instigador.

Uno dijo: «¿Adónde?» Y otro: «Eso es imposible.»

Pero a la mayoría les brillaban los ojos. Entre regocijados y nerviosos, se distraían ya de la congoja que les asaltara al abandonar el colegio.

—Yo sé cómo y dónde. A las cinco, aquí todos con las bicis —ordenó el cabecilla.

David quiso escurrirse.

—Yo no sé si podré, porque mi padre está bastante enfermo, ya lo sabes...

—¿Y qué tiene que ver tu padre con esto? Estaremos de vuelta hacia las nueve, ya lo verás.

Una mezcla de prevención, miedo a ser descubierto, temor a enfermedades terroríficas, impedían a David entusiasmarse con el plan.

—Ya veremos —dijo vagamente.

Y echó a andar hacia su casa. El exaltado promotor le gritó de lejos:

—Venga, David, que tienes que probar la atracción de los sexos...

El padre descansaba en la cama. David entró a verle y, como solía en los últimos tiempos, se disfrazó de alegría para contarle.

—Esto ya se ha acabado, papá. Fin de bachillerato...

El padre sonrió y le apretó con suavidad la mano. «Seguramente ahora —pensó David— me hablará del futuro. Ha llegado el momento de decidir en qué universidad voy a estudiar.»

Pero el padre había cerrado los ojos.

—Estás cansado. Ya hablaremos —dijo David.

El padre le miró y asintió con un gesto, pero a David le pareció que estaba lejos, medio ausente o adormilado.

—Ya hablaremos —repitió.

Cuando volvió a la noche dejó la bicicleta en el portal y subió de prisa las escaleras. Quería estar a tiempo para la cena. Quería estar duchado y limpio para la cena. Tenía que frotarse para borrar las huellas del sudoroso trance, del contacto amargo con la mujer que le ayudara en la torpe embestida de su virilidad...

La puerta estaba abierta. El corazón le golpeaba en el pecho cuando gritó:

—¡Mamá!

Esperó un momento antes de entrar. Luego, del cuarto del padre le llegó un rumor de palabras en voz baja y echó a correr pasillo adelante. Desde el umbral pudo ver al médico que hablaba con la madre y al padre pálido, con los ojos cerrados, tendido en la cama, como lo había dejado al salir por la tarde.

No preguntó ¿qué pasa? porque advirtió que la madre no le veía, no reparaba en él, reclamaba insistente una respuesta:

—¿Pero cuánto, cuánto cree que puede durar?

El médico movía la cabeza a los dos lados, en una desolada ausencia de diagnóstico.

—No sé, no sé —dijo.

Y salió de la habitación. La madre le siguió y entonces sí vio a David. Le agarró con fuerza del brazo y le empujó detrás del médico, y cuando éste se hubo ido le gritó, olvidada del enfermo y del dolor de la muerte esperada:

—Ya era hora que vinieras... Tu padre se nos muere y tú por esos bares, tras de las niñas...

—Cálmate —dijo David.

La agarró por los hombros, la atrajo hacia sí, y por primera vez el arrebato histérico de la madre no le afectó.

—Cálmate —dijo David.

Así, cogidos, abrazados los dos, se dirigieron hacia el cuarto del padre. En la penumbra, el perfil inmóvil marcaba un límite afilado entre la vida y la muerte.

De un jardín cercano subía hasta el balcón un intenso olor a rosas. Hacía calor. El solsticio de verano se instalaba en el recinto con la implacable puntualidad de los astros.

De la farmacia llegó la chica con un último remedio innecesario.

—Dice Joaquín que luego, que más tarde vendrá —murmuró.

La madre se derrumbaba sobre el hijo, y David la recibía consciente de que estaba inaugurando una nueva condición: hijo único de madre solitaria, único soporte de madre asfixiadora y dependiente.

Mientras, el padre aspiraba con trabajo el último aire de su vida. «Se muere —pensó David—, se está muriendo y no me ha vuelto a hablar de aquello que importaba más que el Nobel.» El mensaje del padre había quedado incompleto. David suspiró con alivio. Porque no habría ya más compromiso con el padre; el compromiso se desvanecía por momentos, se evaporaba con el último aliento del padre.

Libre, con la dolorosa libertad del que va a ser amputado de un miembro querido pero enfermo y, por lo tanto, inútil y embarazoso, David gritó sin pronunciar palabra, dientes adentro, corazón adentro, lágrimas adentro:

—Ahora nos marcharemos lejos de aquí.

TERCERA PARTE

Capítulo primero

I

Nueva York, setiembre 1969

Querido David:

El hombre va a la Luna y tú quieres volver a Ibiza. Qué curiosa relatividad de los deseos, qué extraña fijación en los espacios.

Ha pasado mucho tiempo desde tu última carta. O desde la última mía. No lo sé. Yo no conservo las cartas que me escriben. Las odio. Mejor dicho, me aterran. Escondidas, cuidadosamente guardadas para no sabemos qué posible reconstrucción histórica, emergen una tarde al buscar un papel cualquiera. Las apartamos con presteza, pero una frase salta a nuestros ojos. A lo mejor se trata sólo de «las cosas como siempre, todo igual, aburrimiento, rutina...», y entonces no hay peligro. Pero puede ocurrir que la frase asaltante nos desgarre con algo parecido a «te quiero, y eso es todo lo que puedo decirte», y sabemos entonces que el trabajo curativo del tiempo ha sido inútil. No guardo tus cartas. De modo que no puedo saber si hace un año o diez meses o acaso veinticuatro que no nos escribimos. ¿Guardas tú las mías?

En cualquier caso, tu carta me ha llegado con bastante retraso. La encontré al regreso del verano. He pasado las vacaciones trabajando en un centro del Estado para recuperar menores descarriados: los que huyen de sus casas, los que roban un coche, los que se drogan. Todos juntos, mezclados. Porque, a fin de cuentas, ¿no forman parte de una misma evasión? Huir de casa, huir de una ciudad, huir de uno mismo... Ha sido muy interesante, pero he vuelto cansada, con necesidad de unas verdaderas vacaciones. Empiezo a sentir ganas de volver a casa. No quiero marcar fechas. No me quiero comprometer conmigo misma. Pero estoy cansada. Ya no soy joven. Quiero decir que ya no soy tan joven. Ni mi mayo francés ni los constantes arrebatos de estos chicos que veo en la universidad me sacuden como antes en la médula. Me veo lejana, distante, un poco ajena. He debido perder mi hora. Probablemente no estoy en el lugar ni en el momento adecuados. Pero dudo que en Francia, con un trabajo y un marido francés e hijos franceses a punto de iniciar su Bac, fuera mejor.

Decía Julián: «Hay que gastar la vida; ésa es la única condición que va implícita en el hecho de nacer. ¿De qué manera? Depende de ti», decía sonriente. Tú te irritabas. ¿O era al revés? Hay veces en que dudo y confundo las frases de Julián con las tuyas. Porque tú repetías las de Julián, y ahora comprendo que lo mejor que tú tenías venía de esa fuente inagotable de originalidad y rebeldía, de ese volcán en constante actividad que era Julián.

Con la distancia, la madurez, la acumulación amarga de capítulos que forman una vida, me voy acercando a la sabiduría de Julián; lo voy entendiendo mejor, y me doy cuenta que tú eras en parte el reflejo de Julián.

Hay tres planos distintos de nuestro yo: lo que mostramos, lo que parecemos a los demás y lo que realmente somos. Rara vez coinciden los tres planos. Rara vez se confunden las imágenes de un mismo ser. Tú crees que aún es tiempo de retirarte a una isla y arrastrarme contigo. Cifras en mí todo aquello a lo que has renunciado voluntariamente. No te engañes. Se trata sólo de estar tranquilo, de ser fiel a sí mismo si uno lograse saber quién es ese uno mismo.

A veces también yo reflexiono sobre todo lo que creí perder contigo. Pero es absurdo. Hay una parcela de sueño en la que albergamos futuros no vividos, creados por nuestra fantasía. Tu carta me ha revuelto la memoria.

David, Annick, Julián, ¡qué desolado trío refugiado en una isla!

Un beso,

Annick.

II

Un estallido de partículas rojizas, una leve columna de humo ascendiendo entre los troncos ardorosos, un culebreo flameante reflejado en la chapa protectora del parquet... «Esto es el invierno —pensó Julián, y se encogió dentro del jersey—. Es el invierno que me empeño en olvidar.»

Por los cristales de las ventanas se purificaba una luz blanquecina que entristecía la tarde. El salón estaba oscuro. De espaldas a la puerta, Julián se acurrucó en la butaca, cerca de la chimenea encendida.

Unos pasos cansados se acercaban y transmitían a Julián la imagen del ama que poco antes le había abierto la puerta y le había sonreído murmurando: «El amigo del señor.» Luego vaciló. Como si fuera a añadir: «El señor no está en casa», pensó Julián. Pero dijo:

—La señora no está en casa.

Y Julián tuvo la impresión de que había envejecido visiblemente desde que la viera por primera vez.

—Esperaré —dijo Julián.

Todavía traspasado de frío entró en el salón, desprendiendo a su paso ondas heladas, adheridas a la ligera chaqueta de ante, solidificadas en la suela de las botas clark.

El ama le seguía y le indicó un lugar confortable junto al fuego.

—En seguida —dijo— le traigo café.

Y había desaparecido para volver ahora sobre sus pasos arrastrados cansinamente. Los pasos se detuvieron y el ama colocó sobre la mesa la bandeja, apartando con movimientos cuidadosos los objetos inútiles.

Luego siguió de pie, a su lado, y le contemplaba con curiosidad y algo parecido a la simpatía o el afecto.

—Al señor le gustaba mucho el café —dijo, y añadió—: A Genoveva, no. Ella prefiere el té...

Julián se sirvió una taza, y con la promesa del líquido humeante desapareció la última sensación de frío.

—Un buen café cargado —se creyó en la obligación de decir. El ama sonrió agradecida e hizo un ademán para acercarle el azucarero, pero Julián detuvo el movimiento iniciado.

—No —dijo—. Me gusta solo.

Como una cantinela, la anciana empezó a enumerar:

—La señora mayor, como el hijo, café. El pequeño, como el padre y la abuela, café. Los mayores, té, como Genoveva...

Por segunda vez prescindía del tratamiento a su señora. Dudó un momento, y al fin creyó conveniente aclarar:

—La llamo Genoveva porque la he visto nacer. La he criado yo...

Había orgullo en su confesión y una sombra de tristeza.

—Toda mi vida con ella —continuó—, y ahora que se ha quedado sola, más que nunca.

«He aquí un testigo de los combates de Genoveva», se dijo Julián.

—Toda mi vida con ella —repitió el ama—, pero ella no se da cuenta... Me quiere como al agua que sale del grifo. Si no tuviera agua no podría vivir; pero como la tiene, ¿qué hay de raro?

Era evidente que se preguntaba a sí misma. Inclinó la cabeza a un lado y se llevó una mano a la mejilla en actitud pensativa, mientras con la otra se sujetaba el codo del brazo doblado.

La oscuridad aumentaba pausadamente. La brevísima tarde de diciembre se desleía tras los cristales. Los crisantemos amarillos eran una mancha de luz sobre la chimenea. Sus tallos se doblaban desmayados, apretados unos a otros en el estrecho cuello del jarrón. Los troncos encendidos jugaban luces y sombras en la superficie de los muebles. Julián cerró los ojos y sintió el calor acariciando su piel. El calor y el sosiego de la penumbra y la reposada compañía de la anciana. Iba a decir: «Gracias por el café.» Pero al abrir los ojos no había nadie. En seguida oyó el chirrido de la puerta exterior, y dedujo que el ama había adivinado la llegada de su señora y se adelantaba a abrirle.

Julián se levantó, y en la puerta del salón estaba Genoveva con la cara enrojecida por el frío, el pelo rubio tieso como un casco de hielo. Genoveva, que arrojaba a un sillón la gabardina forrada de piel y avanzaba hacia él extendiendo las manos en un saludo.

—Ya estás aquí. Perdona mi retraso.

Y rápida la pregunta, la razón del encuentro, lo que había sido, desde el día de su primera visita, el fin oculto de su hospitalidad.

—Dime, ¿lo tienes todo?

Él entregó sus credenciales, los planos, las copias notariales. Luego que ella los hubo recogido de sus manos, Julián señaló el rollo de papeles y dijo:

—Voy a explicarte todo lo que he podido averiguar...

III

Las acacias extendían su sombra verde claro sobre las mesas de la terraza. Como abanicos, las hojas se mecían dulcemente y dejaban pasar una brisa fresca. Atardecía. Pero el sol de octubre aún castigaba con brío la tierra seca de la meseta.

—Yo prefiero París —dijo el amigo del primo.

Era delgado, larguirucho. Tenía el pelo revuelto y unos ojos castaños que lo recorrían todo con viveza y una especie de desazón.

—París, desde luego. Pero en Londres hay una solidez especial. Una manera especial de vivir. Es un problema de ritmo. Los ingleses...

El primo divagaba. David escuchaba en silencio y, mientras, bebía la horchata a sorbos lentos. El dulzor se detenía en la lengua mucho rato, se pegaba a la lengua y al paladar.

—Y eso que Londres está muy destrozada por la guerra. Todavía se ven al otro lado del río las ruinas de los bombardeos. La catedral de San Pablo...

David miró a una chica que avanzaba por el bulevar. Las dos filas de árboles enmarcaban la acera, y ella se balanceaba por el paseo, lánguida y armoniosa.

—De todos modos, no compares las orillas del Sena...

La chica se acercaba y también le miró. Levantaba la barbilla, altiva y burlona, y David sintió ganas de decirle algo, pero no se atrevió.

—En Chelsea...

—El Jeu de Pomme...

—La Tate...

—El Boul Mich...

El semáforo se abrió y la chica cruzó al otro lado. «Una ocasión perdida —pensó David—. Si hubiera estado solo...»

El camarero se acercó y el primo pagó sin consultarles.

—Hombre, no —dijo David.

El amigo del primo se echó a reír.

—Hombre, sí. Que pague él, que tiene mucho dinero...

Los tres se levantaron y paseaban sin prisa bajo las acacias.

—Me gusta el otoño —dijo David.

—Lo malo es que mañana se acabó lo bueno —dijo el primo.

En Santa Bárbara se detuvieron.

El amigo del primo dijo adiós con la mano y se metió en el metro. David dijo:

—Es simpático.

Y el primo asintió.

—Un personaje. Listo y rebelde como él solo. Me apuesto algo a que mañana no aparece por clase. En el Liceo siempre hacía igual...

David se creyó obligado a decir:

—Hombre, no creo que el primer día de Facultad...

—No importa —dijo el primo—. Él no quería hacer Derecho. Se empeñó su padre, y ahora la venganza es no aparecer. Ya lo verás...

«No lo veré», pensó David. Por un momento deseó haberse matriculado también en Derecho, como el primo y su amigo. La amenaza del primer día de clase entre desconocidos le angustió, pero en seguida reaccionó:

—Os veré el sábado...

—Antes —dijo el primo—. Julián no espera al sábado para salir por ahí. Ya te llamaré...

Caminó hacia su casa, bulevar abajo, y pensó en el primo y en Julián y se alegró de ese encuentro. «Un poco pesados con París y Londres», se dijo. Pero le gustaba su franqueza, su desenfado, su manera relajada de moverse y andar y sentarse y llamar al camarero.

Pisaban firme. Se veía que los dos eran ciudadanos de una gran ciudad. Por eso París, Londres, el mundo entero era suyo, un lugar familiar donde las cosas estaban colocadas para que ellos gozaran de su forma y su color y su extensa belleza.

«También yo un día perteneceré a la gran ciudad —pensó—. También un día viajaré como ellos y hablaré de mis viajes...» Se dijo, y respiró la fragancia de las acacias en el crepúsculo. Su madre le esperaba en el salón. Los muebles bailaban en su disposición provisional. Poco a poco también los muebles encontrarían, como ellos mismos, su asiento definitivo.

—¿Qué tal? —dijo la madre.

—Muy bien, el primo. Y el amigo, Julián, simpático y muy listo. Y, por cierto, me tienes que comprar una chaqueta de pana negra, un jersey blanco y unos zapatos...

«Como ellos. Vestiré y viviré como ellos.» Se asomó al mirador y contempló tejados, plazas, terrazas con columnas, torres de iglesias y, más allá del ladrillo y la pizarra, un sol rojo que se escondía por el Oeste. Un olor a pino llegó con el airecillo serrano.

—Este clima nos va a sentar muy bien, mamá. Es estimulante...

La madre le miraba con tristeza. Era su forma habitual de responder a todo. «Pero hubiera sido igual si nos quedamos —se tranquilizó David—. Exactamente igual.» Como diría el primo: «Es su manera de vivir la vida.»

Por el patio de luces se oía una radio. Al son de la música, arrastrada y castiza, la cupletera cantaba: «El gran Madrid se nos quedó pequeño...»

Capítulo segundo

I

Nueva York, febrero 1970

Querido David:

Mi primer amor fue un niño, Mikel. Yo tenía nueve años; él, diez. Llegó hasta nuestra playa de Bretaña desde su caserío de Ataun. Hablaba mal francés. Su idioma era un fluir extraño y reposado de palabras sonoras. «Es vasco», me dijeron.

Se sentaba muy serio junto al agua y sujetaba las rodillas con las manos entrelazadas. «No soy francés —me dijo un día—. Yo tengo mi país.» Me enseñaba su idioma: *itsaco*, mar; *artua*, maíz; *amacho*, madre. Luego se marchaba bruscamente, y ya de lejos se volvía y me miraba: *Agur*, decía, y yo adoraba esa palabra. Decía *agur* y se marchaba, se alejaba de todos, y por vez primera amé a un ser que me huía y me retaba —«no soy francés»— con su mirada burlona y tímida.

Hace un mes conocí a otro «Mikel». Uno como el de entonces, furioso y hosco, diez años de tozudas negaciones. «No soy americano», me dijo en mal inglés, y otra vez el idioma del amigo perdido volvió a sonar en mis oídos, redondo y melodioso: «Euskadi», eso fue todo lo que pude entender. La madre, en un inglés perfecto, me explicó que el pequeño estaba mal. Inadaptado a todo, escuela, amigos. «La culpa es del abuelo», me dijo. Porque hay abuelo, abuela, padres, tío, y todos viven juntos en una casa, abajo, por las calles irregulares de *downtown*. Entre ellos hablan vasco, me lo contó la madre, y cuando cruzan la puerta de la casa, inglés. Nadie sabe español.

Le hablé al niño de Mikel, mi amigo de la playa. Le dije que nosotros en Francia también tenemos un País Vasco. Aunque él ya lo sabía, me miró de otra forma y se vino conmigo a la sala de examen.

En las pruebas se mostró interesado y dócil. La madre colaboró conmigo en lo que pudo: me contó muchas cosas, fue sincera y confiada, y antes de despedirnos me dijo: «Si quisiera venir por casa... Hablaríamos de Francia y del exilio que los abuelos padecieron allí. Si no le importa, la invitaré a comer un día.» Hoy ha sido ese día, y aún me siento cautiva de las horas que he vivido con ellos.

Cuando entré en el salón me quedé maravillada: era la sala de una casa de aldea. Una espaciosa sala en la que descansaban muebles de roble tallados toscamente, arcones, alacenas, escaños. Sobre los muebles reposaban cobres resplandecientes y viejas fotografías enmarcadas.

El niño quiso que oyera su música. Un coro de voces solemnes ocupó el aire perfumado con el olor campestre que emanaba de las cosas. La abuela sonreía. El abuelo inclinaba la cabeza sobre el fuego encendido. Las llamas se reflejaban en la madera encerada, y era el mismo reflejo de la lumbre en el suelo del hogar lejano...

Al despedirme, me ha hecho daño el *agur* del nuevo Mikel. Despierta en mí preguntas que no logro contestarme jamás. ¿Dónde están mis raíces? ¿En la playa de Bretaña, en el Mediterráneo, aquí o allá? ¿Dónde están las raíces de los hombres? Siempre he creído que recorren el fondo de la tierra, se entremezclan unas con otras en las capas más profundas. ¿Estoy equivocada y sólo ocupan el pequeño solar en que nacimos?

Yo las corté hace años, y no siento como Mikel y el abuelo la llamada de un paisaje, ni siquiera la soberbia defensa de un idioma...

Entre las palabras que amo hay una inglesa: *to belong*. Pertenecer, ser larga y hondamente de algún sitio.

Mis amigos los vascos creen pertenecer a su país. Si regresaran, ¿sería aquél su verdadero asiento sobre la tierra? Nos arraigamos y nos desarraigamos tratando de encontrar un suelo firme para nuestras vidas. Dudo de todo. No sé si quiero detenerme o pertenezco a una raza que apacienta rebaños de un lado a otro buscando pastos frescos.

Aitor, el tío de Mikel, me ha dejado en casa. Me parecía, Riverside Drive arriba, que volvíamos de una romería cruzando la frontera de un valle a otro, de un País Vasco a otro. «Aitor: el sol», me lo enseñaba el Mikel de mi infancia. El sol de Manhattan se había ocultado hacía mucho rato entre la bruma del río. La tarde era fría. Al bajar del coche, el vaho del metro ascendía en puntos diferentes de la acera larguísima. Me hizo pensar en el aliento de un volcán oculto que abrasara las raíces prisioneras de los hombres.

Perdóname, David. Te has convertido en el destinatario de mis incertidumbres. Al menos tú ¿estás en el lugar al que perteneces?

Un beso,

Annick.

II

Era una villa, un palacete. Dos torres simétricas se elevaban a ambos lados, sobre el segundo piso, rematando majestuosamente el edificio. Un paseo de castaños llevaba hasta la puerta de la casa. La fotografía debía estar tomada desde dentro del jardín, porque no se veía la verja exterior inevitable para el acceso a la fortaleza.

Después de contemplarla, Julián se la devolvió a Genoveva.

—¿Tú lo entiendes? —preguntó Genoveva.

Él hizo un gesto ambiguo, dudoso en apariencia, aunque era una forma de ganar tiempo y evitar una toma de postura.

—No sé qué decirte.

Sobre la mesa del café, desordenados, desdeñados, descansaban los planos de la isla.

Genoveva sostenía la cartulina entre sus manos y la miraba largamente. Se había reclinado en la butaca, y al calor del fuego su cara iba recuperando el suave tono tostado, mantenido con cuidado a lo largo de las estaciones.

—Estaba encantado aquí —dijo, señalando la casa—. Fue feliz el día que mis padres me dijeron: es vuestra. Acababa de nacer María, y por entonces ellos empezaban a escapar hacia el Sur...

Julián escuchaba, pero sabía que Genoveva no hablaba para él. Era un intento de contarse a sí misma fragmentos de pasado, y el hecho de tener un testigo le obligaba a ordenar hechos, describir situaciones, tratar de ser coherente.

—Detrás de la casa —dijo, y ahora sí quería que él se enterase— hay un enorme parque, cancha de tenis, frontón, piscina y, al fondo, el mar...

—Y poco sol —dijo Julián sin querer.

—Suficiente sol —aseguró Genoveva—. Un día de sol en el Cantábrico vale por un verano ahí...

Señaló con un dedo acusador los planos abandonados, y en el gesto Julián percibió dos aspectos de su carácter. La necesidad apremiante de que los demás aceptaran sus opiniones y un rechazo de todo lo que ella no hubiese incluido en su inventario de sensaciones.

—Pero tus padres... —aventuró Julián.

—Son mayores —dijo tajante Genoveva—. Ya entonces eran mayores —matizó— y necesitaban calor.

Una sucesión de veranos brumosos despertó en la memoria de Julián. Mañanas en la playa, vestidos y calzados, a la espera del rayo salvador que ablandara al ama y les permitiera bañarse. Tardes de malecón con las madres muy arregladas jugando a las cartas en los cafés. Los niños se escapaban hasta ellas, pedían un bolado. Las madres acariciaban rápidas sus mejillas, repartían azucarillos, quejumbrosas pedían:

—Ama, lléveselos al monte con la merienda. Cojan los chubasqueros por si acaso.

Desde el monte se veía el mar. Las olas se estrellaban en las rocas. A lo lejos, una leve claridad anunciaba un sol probable.

Quizá mañana...

Una inmensa tristeza envolvía el recuerdo de aquellos veranos. Casi sin proponérselo, Julián empezó a hablar:

—Yo necesitaba el sol. Estaba siempre triste. Me aburrían los juegos de los otros, los juegos con la amenaza constante de lluvia o la lluvia arreciando de pronto, y nosotros corriendo por el jardín hasta el porche trasero porque no nos dejaban entrar en casa: «Está templado y hay que estar fuera hasta que empiece a oscurecer», nos decían...

Se dio cuenta que también él hablaba para sí mismo, y que un estímulo ajeno a él, la presencia de Genoveva, le impelía a hacerlo. «Es más fácil contar la propia vida a los desconocidos que a aquellos que comparten con nosotros cada minuto», pensó. Ahora Genoveva esperaba cortés a que él apurara su turno. Pero cuando él calló no volvió a hablar de la villa en el Norte. Retrocedió hasta el punto de partida, hasta el momento en que Julián le entregara los planos ofreciendo:

—Te contaré lo que he podido averiguar...

Relato que ella había retrasado, primero con un breve: «Perdóname otra vez, vuelvo en seguida.» Y pasaron minutos, y al fin apareció envuelta en un vestido de cachemir azul. Se había cambiado el traje de calle, y el pelo había recobrado el habitual desorden de mechones rubios.

Traía en la mano la fotografía. Esgrimía el testimonio gráfico, la mansión que convertía en absurda la compra de David, una casa modesta en una isla al sol. Ya ofrecía a Julián la indiscutible prueba del absurdo. Ya le pedía aprobación, comprobación, asombro ante la estupidez del amigo poseedor de tantos privilegios.

—Ésta es mi casa —había dicho—. La casa que tenemos en el Norte —para continuar después—: ¿Tú lo entiendes?

Le había tendido la fotografía para que él observase por sí mismo la soberbia estructura de la casa, la belleza del jardín, el azul sedoso de las hortensias, el rosa intenso de las fucsias, la glicina malva trepando por las columnas del porche.

—¿Tú lo entiendes?

Porque ¿quién, preguntaba Genoveva, podía entender la incongruencia de renunciar un solo día a la belleza, la lujosa solidez del palacio de verano?

«Nadie puede entenderlo», hubiera sido la respuesta esperada. Pero él guardó silencio. Había llegado el tiempo ineludible de hablar de la compra de David. Julián estaba preparado para una nueva y quizá larga batalla.

—Cuéntame, dime, trata de explicarme... —exigió Genoveva.

Un nuevo cargo, un resentimiento nuevo, venía a unirse al agravio de una muerte inaceptable. Porque Genoveva estaba tratando de descubrir si se trataba de un error único o si la compra secreta era tan sólo la parte visible de una sucesión de locuras que David había trenzado a sus espaldas.

—... Trata de explicarme —repitió, perentoria— a qué viene esta compra, para qué, cómo, cuándo nació en él esta disparatada idea...

Mientras hablaba, los ojos se volvían azul oscuro, gris tormentoso. Su brillo amenazante enviaba chispas a la serena mirada de Julián.

III

—Tú eres sólo un pequeño burgués —dijo el chico de las gafas.

Julián se sonrió y asintió.

—Claro —dijo—, pero todo está aquí —y se señalaba la frente con el dedo índice.

—Mi padre ha sido siempre republicano —informó el primo.

Y David, un poco embarazado, creyó oportuno intervenir:

—También el mío...

El chico de las gafas se tomó unos momentos antes de atacar de nuevo. Se llevó a los labios el vaso de vino y se lo bebió de un trago. El tabernero se acercó con la garrafa de cristal en la mano y se lo llenó de nuevo.

—¿Nadie bebe aquí? —preguntó un poco hosco. Había tomado nota de las acusaciones del joven amigo y les miraba con cierta prevención. «Señoritos, pensará, señoritos que se las dan de pobres», reflexionó David. Estaba incómodo, y de no ser por el empeño del primo él no se hubiera metido en ese rincón tenebroso, al fondo de una taberna sucia y fría.

Recordó las ingenuas conspiraciones del padre y los amigos en la rebotica.

—En mi pueblo, mi padre solía reunirse con los amigos, para hablar contra el régimen, en la farmacia. Cuando yo era niño me quedaba a escuchar, y un día apareció la policía y registraron todo...

Inventaba. Pero le parecía que era lícito forjarse un pasado. Además, no era cierto, pero pudo serlo. Recordaba las precauciones, los miedos, los relatos: «Anoche detuvieron a Ramón... no se sabe nada de él...»

«Falso, pero posible», se dijo David.

El de las gafas se detuvo un momento a contemplarlo. Antes, apenas si le había dedicado un desdibujado «hola» al serle presentado por el primo.

—De todos modos, lo que vosotros no estáis dispuestos a aceptar es que aquí hay que jugársela, jugársela de verdad. Los obreros...

Un temblor especial recorría la espina dorsal de David cada vez que oía la palabra obreros. Siempre la recordaba dicha así, con tono misterioso, con la evidencia amenazadora de su fuerza. «Los obreros —decía el padre— tienen derecho a vida digna, educación, trabajo asegurado...»

«Los obreros quieren comer carne todos los días, y eso no se ha visto nunca. Soberbia es lo que tienen», decía la madre...

«Los obreros quisieron matar a mi padre —le había contado Poli en las tardes somnolientas de domingo, cuando se reunían a jugar en su casa—. Pero no pudieron porque se escapó a tiempo. Fue cuando la guerra...»

—Mira, hijo, todos habláis de los obreros, pero yo creo que ellos no creen en vosotros. No os toman en serio... No irían con vosotros ni a la vuelta de la esquina...

Era Julián el que hablaba, y a David le admiró su valentía para contradecir al muchacho que, en opinión del primo, era un verdadero revolucionario y estaba metido hasta allá en la lucha y estudiaba en la universidad con graves sacrificios y...

—Tu padre es un pequeño empresario, ¿no? —preguntó Julián.

El chico, sorprendido, tuvo que asentir.

—¿Y qué tiene que ver eso? Él es un obrero más. Él lucha por su clase...

—Pero tu padre es el dueño de la imprenta. Y es muy difícil luchar por una clase que está bajo nuestro control económico...

Momentáneamente, el chico pareció derrotado. Pero en seguida replicó:

—Mira, Julián, nadie te manda venir. Quédate en casa leyendo a esos poetas que tanto te interesan. La lucha anda por otra parte.

«Viban los milicianos, Pedro Rojas... —empezó a recitar Julián con una voz un poco teatral—. Con esa B de buitre en las entrañas...»

David miró el reloj disimuladamente. ¿Hasta cuándo duraría la reunión? Aquella noche, Julián le había prometido llevarle al estreno de una obra recién traducida del francés, si de veras llegaban a estrenarla, porque a última hora a veces llegaba la prohibición y todo se iba a paseo...

El chico de las gafas —no había entendido bien su nombre— escuchaba en aquel momento al primo. Se veía que el primo lo respetaba y trataba de darle la razón. David observó que hasta se había vestido de un modo apropiado para aquel encuentro, más de viejo, de usado, de no importarle. Él, sin embargo, pensando en el teatro, se había puesto una camisa nueva y hasta corbata, aunque luego observó que Julián no llevaba nada especial; como siempre, un jersey maravilloso, no se sabe de dónde los sacaba, y zapatos de suela gruesa y un pantalón de tejido áspero, pero con aspecto de muy bueno...

—Venga, vámonos ya. ¿Te quedas? —le preguntó Julián al primo.

El de las gafas había reclamado la garrafa y la tenía cerca, la acariciaba mientras hablaba. Otra vez llevaba él la voz cantante e insistía en el tema de la lucha de clases, un poco hosco desde el ataque a su padre por parte de Julián.

El primo se quedó y ellos salieron del oscuro local. En la calle adoquinada y vieja y poco iluminada se respiraba un aire libre, la segura libertad exterior.

—Cualquier día —dijo Julián— los enganchan a todos.

Se había puesto serio, abandonaba el tono un poco burlón con que se dirigía al de las gafas.

—Es demasiado grave la revolución para jugar así, con cuatro niños... ¿Tú has leído a Marx? —le preguntó, de pronto.

Y David, con la naturalidad con que acostumbraba a reconocer ante Julián que no había leído, ni siquiera le sonaba, nada de lo que él sugería, dijo:

—No.

—Pues te lo voy a dejar...

Caminaron uno al lado del otro, pensativos. David no se atrevía a recordar lo del teatro. Mientras andaba repasó la escena de la taberna, y una vez más admiró a Julián, tan seguro de sí mismo, más seguro que el primo y el amigo revolucionario. Julián era capaz de reírse de todo y al mismo tiempo tomaba en serio lo que debe tomarse en serio: la vida, la muerte, los otros. Julián hablaba mucho de los otros.

—Mira, yo no soy insolidario por sistema. Sólo con los que no se paran a mirarse por dentro —decía—. Sin embargo, me siento impresionantemente unido al ser humano. Solidario con él. ¿No te das cuenta que todos moriremos un día? Eso me une a los otros, eso me separa de los que no lo sienten ni lo piensan...

Luego se echaba a reír y decía: «Bebamos y gocemos, que mañana moriremos.»

Ahora caminaba en silencio. De repente, cogió del brazo a David y le dijo:

—Vámonos hasta el teatro, y si la cosa no sale, nos iremos por ahí, a tomar algo...

Capítulo tercero

I

Nueva York, mayo 1971

Querido David:

Hoy he asistido a una conferencia feminista en Brooklyn.

Me invitó una compañera de trabajo. Nancy está divorciada, tiene dos hijos y es una luchadora ferviente por los derechos de la mujer. Están tratando de conseguir mayor participación de la mujer en la política. Parece que son pocas las que llegan a tener cargos públicos de importancia. Sin embargo, las fortunas más grandes de este país son controladas por mujeres. Desde mi visión de extranjera, me pregunto: ¿qué quiere esto decir?

«¿Cómo me explicas esta aparente contradicción?», le pregunto a mi amiga. Y me contesta: «Esas fortunas no las han hecho las mujeres. En su mayor parte han llegado a través del más antiguo medio: su propio cuerpo, santificado o no, usado legalmente o administrado fuera de la ley. Además, esas fortunas rara vez se emplean para luchar por el destino de otras mujeres. La mujer rica es más feliz si sabe que hay muy pocas que participen de su poder...»

Cuando llegamos al cine donde se iba a celebrar el mitin, la sala estaba llena. Al fondo del estrado destacaban los eslóganes: «Poder político para las mujeres», «Haced política, no café», «Igualdad de derechos en el trabajo y la educación».

Primero hablaron varias conferenciantes sobre los temas anunciados, pero en el coloquio surgieron otros muchos.

Las intervenciones espontáneas de las asistentes eran, en su mayoría, a favor del acto. Algunas contaban su caso, doloroso e injusto, su dramática situación personal, y llegaban incluso a dar detalles íntimos. Pero había otras que trataban de explicar que no eran desgraciadas por ser mujeres, que nunca se habían sentido discriminadas y que no sabían hasta qué punto tanta rebeldía no sería al final perjudicial...

Los hijos se esgrimían sin cesar desde todas las posturas. Los hijos como carga, los hijos como trampa, los hijos como único logro positivo de la relación con el hombre...

Cuando salimos yo iba callada, y hasta que no estuvimos sentadas en el metro, Nancy tampoco habló. Entonces dijo: «¿Qué te ha parecido?», y yo tuve que ser sincera al contestar: «Me ha sorprendido la negación y la pasividad de un pequeño sector.» «No es tan pequeño —me aseguró Nancy—. Hay miles, muchos miles de mujeres así. No quieren igualdad de oportunidades porque no quieren igualdad de responsabilidades...»

Al llegar a casa seguí reflexionando sobre todo lo que había oído y lo que Nancy y yo habíamos hablado, y al recordar su afirmación sobre las mujeres ricas me asaltó un temor: que acaso el principal problema de la mujer es su ausencia de compromiso con las demás mujeres. Incluso muchas que dicen luchar por la liberación de la mujer tratan en el fondo de resolver un problema personal. «Imagínate —me había contado Nancy en otra ocasión—: una de las líderes del comité feminista de mi estado ha abandonado la lucha en cuanto encontró un marido brillante que le da lo que el primero le había negado: libertad, afecto, carta blanca en los gastos y hasta la oportunidad de renunciar a su trabajo y quedarse en casa...»

¿Somos insolidarias? Me inclino a creer que sólo cuando hemos conseguido el éxito. La mujer que triunfa en su profesión, la que accede a un puesto importante en la sociedad, se alinea inmediatamente al lado de los hombres triunfadores. Si se le preguntara por el resto de sus compañeras, diría: «Que luchen como yo, que peleen, que arrebaten al hombre su parte del botín...»

En cuanto a las que tienen el dinero, la situación es

mucho más clara. Como dice Nancy, nunca, jamás van a permitir que otras se beneficien de sus privilegios.

Nadie más deseoso de la fuerza que el débil. Nadie más ávido de poder que el que ha sido repetidamente humillado. Y el dinero es el poder definitivo. Dinero para comprar la soledad, también la compañía. Dinero para conseguir el amor y satisfacer el odio. En un mundo que se asienta sobre pilares de oro, sólo cuando es dueña del oro se siente la mujer superior al hombre.

Es curioso que cuando pienso en los problemas que de cerca o de lejos rozan a la mujer, yo me coloco fuera. Debe ser mi tendencia a perseguir razones objetivas que expliquen las conductas de los otros, y porque no sólo me siento solidaria de las mujeres que sufren y padecen, sino también de los hombres vulnerables, mal tratados, comprados y vendidos. Como nosotras. ¿Como tú?

Un beso,

Annick.

II

—En Ibiza parecía feliz, cuando éramos jóvenes...

Julián recordó que, en el último encuentro, David había hablado de felicidad. Fue antes de contarle su exaltado proyecto: el regreso a la isla, el absurdo deseo de rehacer su vieja vocación, el absurdo intento de recuperar a Annick.

Sí; David había hablado de felicidad. «Sólo entonces, sólo aquel verano fui feliz», dijo, y se sumió en el silencio.

—Felicidad —dijo Genoveva—. Sólo los pobres de espíritu hablarían de felicidad...

Había amargura en sus palabras, y cuando dejó de hablar Julián se preguntó si siempre había sido así, incrédula de todas las dichas, o respiraba por heridas de tiempo y de cansancio. En el recuerdo, David callaba. Ahora, Genoveva, pensativa, también guardaba silencio. «Como si los dos —pensó Julián—, a través del tiempo, hubiesen coincidido en un espacio de secretos inviolables.»

Para animarle, Julián había dicho aquel día a David:

«Deja tu yate y sígueme. O, mejor, tráelo al Mediterráneo. Se navega mejor...» Y David había despertado.

Pero no encontraba el tono, la palabra adecuada, para distraer ahora a Genoveva.

David había reaccionado, pero no estaba alegre. «No necesito el yate. No lo necesitábamos entonces», dijo. Y Julián no quiso investigar hasta qué punto vivía ya inmerso en la agonía. Se limitó a replicarle: «Has olvidodo lo difícil que era todo. No teníamos dinero. No teníamos un lugar donde asentar los pies. Estábamos siempre contraviniendo alguna ley...» Pero David no le escuchaba. Parecía debatirse en la zozobra cuando dijo: «Tú sí que has acertado...» Y él se había reído abiertamente: «No digas tonterías...»

Genoveva callaba y esperaba. Había llegado el momento en que él debía informar a Genoveva de lo que sabía sobre el asunto que le había sido encomendado.

—Habló de retirarse a Ibiza, el día que nos vimos por última vez —dijo—. A mí me pareció uno de esos recursos que se busca uno mismo para huir de la realidad más inmediata...

Tarde, se percató de que esa realidad incluía en el caso de David su matrimonio, sus hijos, su trabajo, todo ello vinculado a Genoveva.

Sin embargo, David no la había nombrado. Era como si la vida que él mismo había elegido, aceptado, construido en el mundo de Genoveva, no fuese un obstáculo, ni siquiera la causa de su planeada deserción. No hizo reproches, no habló de errores ni fracasos. Parecía tan sólo arrastrado en la gravitación arrolladora del recuerdo. «No puedo olvidar Ibiza. No puedo olvidar a Annick...»

—Lo entiendo —dijo Genoveva sorprendentemente, y Julián tardó un instante en comprender que se refería a su anterior observación—. Lo entiendo en David. Tendía siempre a esconder la cabeza bajo el ala...

Julián quiso disculpar la supuesta flaqueza de David.

—Hay momentos críticos. Un exceso de trabajo, un amago de decadencia física, llevan a una situación de angustia y sobreviene el deseo de huida...

Una vez más se había deslizado la palabra inoportuna y Julián se sintió incómodo. Siguió hablando para esconder tras otras palabras la que podía haber herido a Genoveva.

—... como cuando éramos niños y la cercanía de un examen nos hacía desear que estallase la guerra...

Los marcos de las ventanas aprisionaban rectángulos de oscuridad. Julián miró afuera y creyó ver puntos blancos, diminutas estrellas, descendiendo más allá del cristal oscuro. «Nieva», pensó. Los puntos crecían, se convertían en copos compactos. La sensación de profundidad percibida a través de la ventana hizo pensar a Julián en los pisapapeles transparentes que al girar sobre sí mismos descargan tormentas en pueblecitos indefensos. «Así estoy yo, encerrado en una bola de cristal, prisionero de esta casa, atrapado en el sillón, la chimenea, la presencia de Genoveva.»

—David —dijo Genoveva— quería huir de todo. Toda su vida estuvo huyendo...

«Hasta la huida definitiva», pensó Julián.

Los copos se agolpaban en la ventana, que ya no era un cuadro negro enmarcado en madera blanca, sino un pozo de frío y oscuridad.

El ama entró cargada con un cesto de troncos.

—¡Qué noche se prepara! —comentó.

Nadie le contestó, y sólo cuando ella hubo salido Julián concentró todas sus energías para enfrentarse con el debate que le había arrastrado hasta aquí, hasta la mujer y el fuego y la nieve.

—Iremos por partes —dijo—. En primer lugar, quiero que quede claro que yo no sabía nada de la compra de David. Segundo, la compra fue hecha a través de una agencia. Después el notario debió legalizar la operación en un viaje que David hizo sin yo saberlo. Tercero, yo conozco la casa, porque fue la misma que habitamos hace años. Nos la prestó un amigo que la tenía alquilada aquel verano que estuvimos juntos... Cuarto...

Le pareció el discurso de un fiscal enumerando las causas de un crimen, testigos, datos, pruebas acumuladas contra un amigo.

Pero en el proceso a David, Julián no podía ser abogado defensor. No podía contarle a Genoveva lo que apenas se atrevía a confesarse a sí mismo: que él nunca hubiera ayudado a David a realizar la infausta compra.

Porque no podía soportar la remota posibilidad, ni siquiera la idea de que Annick aceptase el desatino y regresara un día con David.

En medio del discurso, Julián se interrumpió:

—Por favor, Genoveva —dijo—, ofréceme algo de beber...

III

Los cubiertos tenían un brillo apagado. David depositó los suyos sobre el plato de postre y esperó. A través de la mesa, Julián le sonrió y también esperaba. Los narcisos permanecían erguidos dentro del vaso de cristal. Sus coronas doradas acentuaban el color marfileño de los pétalos, remataban con orgullo la esbeltez de los tallos.

La madre adelantó la mano hacia la campanilla y la hizo sonar. El repiqueteo del badajo se extendió alegre por el comedor. Julián se levantó y se acercó a su madre.

—Mamá... —dijo, apartando con delicadeza la silla.

Ella le habló con dulzura:

—Gracias, hijo.

Y ordenó a la doncella que esperaba en la puerta:

—El café, en el salón.

Luego, los tres cruzaron bajo el arco que separaba las dos estancias. Del otro lado, una gran puerta corredera se abría sobre el jardín y ante ellos se extendió el fresco esplendor de abril.

Almendros en flor daban sombra al césped cuidadosamente recortado, y a los lados de la escalera desbordaban los macizos de zinnias y margaritas.

Al fondo del salón, en la rotonda, había un piano y a su lado una mesa sobre la que se apiñaban bronces ecuestres, candelabros, daguerrotipos, alabastros. En lo alto de un macetero estallaban las azaleas rosadas y rizosas dentro de una vasija de porcelana.

Un perfume de lilas se extendía por el salón, y cuando la madre de Julián le hizo una seña para que se sentara a su lado, David avanzó un poco aturdido, embriagado con la luz y el color y los aromas que le rodeaban.

La anfitriona se recostaba sobre el moaré dorado del sofá. La espalda recta, apoyada levemente en el almohadón, la cabeza alzada, la delgada estructura del cuerpo, la volvían flexible y arrogante en su aparente dejadez. «Como los narcisos», pensó David.

Julián se había sentado en el suelo y acariciaba a un gato que había aparecido sigilosamente. Era negro y lo miraba todo con sus ojos verdes, semientornados y parpadeantes.

—Mamá —dijo Julián—, tienes que tocar para David.

Ella sonrió y los ojos se le iluminaron, como los de Julián cuando discutía o recitaba o le explicaba algo que él debería saber.

—¿Te gusta la música? —preguntó.

—Sí —dijo David.

Y se sonrojó porque era verdad, pero no del todo, ya que la música que él reconocía eran las fáciles, melosas, machaconas melodías que la radio emitía a todas horas.

—Dime qué te gustaría oír...

Ahora no era rubor; era un incendio de vergüenza escarlata. No obstante, susurró:

—Mozart.

Porque le pareció una palabra mágica que mitigaría el bochorno de su ignorancia.

Como otras veces, Julián vino en su auxilio, natural y desenvuelto, como si no existiese siquiera la sospecha de que él necesitara ayuda alguna.

—Toca algo ligero. Algo como *Abril en Portugal*...

Cogió a la madre por la mano, pero ella se soltó riendo.

—Espera a que tomemos café...

La risa de la madre también recordaba la de Julián. Después, cuando dejó la taza vacía en la bandeja y de un salto se levantó y fue hacia el piano, para abandonarlo tras atacar con furia dos o tres notas, y se dirigió al *pick-up* y puso en marcha el disco que descansaba en el platillo, también como el amigo parecía ágil, joven, vibrante, apasionada... «Quiero que la conozcas sin mi padre —le había dicho Julián al invitarle—. Sólo cuando él no está recupera la gracia y la alegría...»

Una voz ronca y quebrada empezó a sonar. David no

recordaba haberla oído antes, pero el ritmo entrecortado, el torrente resquebrajado de sonidos, le estremecieron. Después, cuando la trompeta lo invadió todo, un sentimiento desconocido le traspasó. Julián había vuelto a sentarse en el suelo y abrazaba al gato somnoliento. La madre se acercó al muchacho y le puso las manos en los hombros. Luego se acurrucó a su lado en el suelo mientras escuchaba.

Julián sostuvo al gato con una mano y con la otra acarició el cabello de su madre lenta, sensualmente. Cuando la música cesó, Julián se levantó para quitar el disco y la madre volvió al sofá, al mismo lugar que había ocupado al entrar en el salón. Con el silencio regresó su serena compostura. Bella y lánguida y gentil se dirigió a David:

—Ven cuando quieras —le dijo—. Ésta es la casa de Julián y de los amigos de Julián...

Le pareció a David que había una insinuación de despedida en el tono amable, pero rotundo. Miró a Julián, y él depositó el gato en la escalera y le invitó a seguirle:

—Vámonos a mi cuarto; quiero darte unos libros...

La madre abandonó el sofá y se fue hacia el piano después de hacer un breve gesto de adiós. No habían salido del salón cuando ya las notas inflamadas, ardorosas, dolientes, se deslizaban tras de sus pasos, los perseguían escaleras arriba, pasillo adelante, hasta el estudio abuhardillado en que estaba instalado el cuarto de Julián.

Capítulo cuarto

I

Nueva York, noviembre 1972

Querido David:

Noviembre llega cargado de lluvia, y los huesos se me han entumecido y más el alma, que rezuma humedad. Hay días sueltos en los que el sol asoma un instante entre las nubes. Pero noviembre es taciturno y he sentido la necesidad de escapar. Ha llegado el momento de organizar las vacaciones de Navidad. Se hace tarde en seguida, se agotan las reservas, sobre todo las que ofrecen calor y luz y bienestar corporal.

Mis amigos tienen proyectos variados: «Venga al sol de Florida, al sol de Malibú, Crucero por el sol...»

Pero no es ése el sol que yo busco. Renuncio al sol que el hombre ha fabricado para encenderlo en diferentes partes, un sol que se contrata por semanas, *weekends*, tardes incluso. Los grandes almacenes lo sirven con equipo: gafas, sombrero, bañador y pareo, más avión, más sandwiches, más cócteles de frutas potencialmente ardientes.

No es ése el sol que yo reclamo. Sueño con un país de carne y hueso en el que las gentes no hayan roto del todo el cordón vegetal por el que se alimentan de la tierra. Sueño con el sol verdadero que dora los cultivos y la piel y atiza de verdad los corazones. Tengo derecho a recibir mi parte como los campesinos. Tengo derecho a un sol pequeño, provinciano, que se levanta muy temprano y aprieta al mediodía, pero luego se suaviza a la tarde tras la siesta y es una bendición al caer el día.

Me parece que Méjico es uno de esos pueblos, hijos del sol, que necesito. Además, está cerca y, sin embargo, me va a llevar tan lejos... Hoy mismo empezaré a contar los días que faltan para irme. He descubierto que no soy yo sola. Muchos lo hacemos. Por toda la ciudad cuelgan calendarios acribillados con cruces rojas. Fechas tachadas para siempre con alegría suicida en un afán de llegar cuanto antes al paréntesis de luz. Un destello de esperanza brilla al fondo del túnel que recorremos día a día. Algo va a suceder en esa corta libertad anunciada. Algo fortuito nos espera con la primera campanada que anuncia horas completamente nuestras. Algo va a transformar nuestro próximo trayecto. Hemos lanzado una moneda al aire y va a caer en manos de nuestro destino. ¿Qué otro sentido tienen las vacaciones?

En cuanto a mí, tienen poco que ver con suspender el trabajo. Mucho con la evasión del horario conocido, del monótono escenario que nos apresa. El cristal empañado al levantarnos, el buzón de correos en la acera de enfrente, el chino de la lavandería que sonríe al quitar el cierre. Y al regresar cada tarde, la misma soledad o la misma insoportable compañía.

Necesitamos creer que va a suceder algo. Nos lo promete la luz que hemos estado acechando durante tanto tiempo, la luz que se acentúa cuando la rabia rompe el lápiz que usamos para borrar la última fecha...

Algo me va a ocurrir en Méjico, me digo. Mientras tanto, entro y salgo, camino, subo y bajo, y el día de mi viaje haré pedazos la última hoja del calendario. Y no me daré cuenta de mi insensata destrucción del presente, ciega como me encuentro a la espera de un futuro cuyo final es un túnel sin luces ni salida.

Un beso,

Annick.

II

—Una casa pequeña, una isla pequeña, una vida pequeña... David nunca salió de sus orígenes mediocres —dijo Genoveva. Le daba tiempo. Puede que hubiera adivinado la lucha y la pesadumbre que significaban para Julián hablar de todo aquello. Y le daba tiempo: esperaba el efecto apaciguador de la copa reclamada con ansiedad.

Julián paladeaba el coñac. Hacía años que no bebía un Armagnac. Miró la botella que Genoveva había dejado cerca de la copa. En la casa de Ibiza, en la casa cuyo litigio comenzaba, David había entronizado una botella de Armagnac. No era una botella vulgar. Era una especie de farol encerrado en una cesta. Tenía una caja de música en el fondo, y la canción que sonaba era *Au clair de la lune...*, pero no estaba muy seguro. Llegaron un día los dos, Annick y David, con la botella vacía. «Nos la hemos bebido con un amigo de Annick. Un francés que tiene el yate anclado en el puerto... Y nos la ha regalado.» Reían y hacían sonar la caja de música, le daban cuerda sin cesar. Él estaba indignado. Irracionalmente, odió al francés desconocido y les odió a los dos...

Pero ahora tenía que contestar a Genoveva... «Orígenes mediocres» era la última frase que seguía prendida en sus oídos.

—No tan mediocres —dijo—. Su padre era hombre culto, regía su farmacia...

—Su padre era un tendero, no le des vueltas. Una farmacia es una tienda. Un ambiente mezquino, dinero escaso, muy poca soltura, ni viajes, ni deportes, ni contactos interesantes hasta que no viene a Madrid... Una familia pequeña de una pequeña burguesía...

Las espadas estaban en alto. Esquivando el cansancio de un nuevo duelo, Julián rogó:

—Déjame que continúe con el asunto de la casa...

Y Genoveva asintió.

—He buscado al antiguo propietario, un payés desconfiado que al principio no recordaba nada. Luego se fue ablandando y me dijo: «Se la vendí a un señor que me mandó la agencia. Me la pagó bien. Me contó que algún día vendría a morir aquí...

Hacía calor. En la chimenea, los troncos eran una gran brasa palpitante. Genoveva parecía tranquila. La revelación del propósito de David había sonado absurda y lejana: «Vendré a morir un día...»

—No tuvo tiempo —dijo secamente—. No tuvo tiempo de llegar hasta allí para morir.

Julián bebió un trago de coñac y regresó al recuerdo de la botella vacía, a su insistente musiquilla..., *ils chan-*

tent pour les filles qui n'ont pas de mari... Quizá sí, quizá eran las notas de aquella canción... Él se había puesto furioso y había preguntado con insidiosa curiosidad: «¿Quién de los dos le gustaba al francés?»

Sacudió la cabeza para ahuyentar el recuerdo como se ahuyenta un insecto molesto. Luego se levantó y fue hacia la ventana sin dejar la copa; su mano acariciaba la suave redondez del cristal caliente. Ya no nevaba. El cielo estaba negro y los árboles fosforecían cubiertos por la nieve caída. Julián corrió las cortinas y el salón se convirtió en un refugio acogedor sepultado en espacios subterráneos.

—La semana que viene me iré a esquiar —dijo de pronto Genoveva.

La frase era casual, surgía al hilo de una asociación inmediata «nieve-esquí». Pero Julián suspiró con alivio. El tema de la casa parecía zanjado. Sobre la mesa quedaban olvidadas las pruebas de su investigación. En seguida podría anunciar: «Me voy antes de que nieve más. Si se te ocurre alguna cosa en la que yo pueda ayudarte...»

Se iría y David quedaría enterrado para siempre entre los dos. Cada uno cuidaría sus recuerdos y nunca volverían a encontrarse...

—El otro día... —empezó a decir de pronto Genoveva. Y por el tono reposado y el ritmo narrativo de la frase, Julián supo que no había llegado el momento de irse—, el jueves por la tarde... —puntualizó Genoveva, y ello contribuyó a aumentar en Julián la impresión de que se aproximaba una historia—, fui a ver a la madre de David...

Rehuía decir «mi suegra» o pronunciar su nombre, en un deseo de negar cualquier vínculo familiar o amistoso con ella.

—... Se empeñó en regalarme varias cosas: una vieja raqueta de David, una bufanda, discos, papeletas con las calificaciones de su carrera...

«La resaca de los naufragios —pensó Julián—. Lo que queda en la arena tras la primera navegación frustrada; lo que David abandona cuando sale de la casa de su madre...»

—... cosas absurdas —continuó Genoveva—, porque

David se había llevado todo lo que podía interesarle hace muchos años, al poco tiempo de casarnos...

Con absoluta claridad Julián percibió el cebo que Genoveva le ofrecía para tenerlo a su merced. Algo quedaba por decir, algo que surgiría a lo largo de la tarde, de la noche quizá. Horas de diálogo aparentemente trivial pero cargado de asechanzas que les llevaría al objetivo por ella previsto.

Como otras veces, el primer impulso fue levantarse, despedirse, decir: «Tengo prisa, te dejo, puede que otro día...» Y escapar. Sin embargo siguió sentado, sumergido en una fascinación especial, y se dispuso a aceptar el juego.

—Está completamente loca —afirmó Genoveva.

Julián acercó la botella, se sirvió otra copa.

—No creo que esté loca —replicó—. Para ella son objetos impregnados de la presencia de David. Y al mismo tiempo necesita apartarlos porque también son los testigos de una ausencia insoportable...

«Heme aquí otra vez representando el papel de David, frente a su antagonista Genoveva.» *David defiende a su madre.* Se levanta el telón...

III

La chica estaba sentada en la cama. Tenía el pelo largo, las manos largas, las piernas largas. Sostenía en el regazo un cesto lleno de manzanas, y todos iban cogiendo la fruta verde y roja. El poeta subió vino de la taberna de la esquina, un garrafón. «Porque así sale más barato», dijo. Comían manzanas y bebían vino, y el poeta de vez en cuendo leía sus versos: «Hay un amor que nos espera tras las últimas colinas.»

Por el tragaluz de la buhardilla entraba la luz del verano. Pronto, en unos días, la luz sería fuego insufrible en aquel minúsculo recinto. Las paredes se volverían crujientes, como cortezas de pan recién sacado del horno. El techo, en su descenso hacia la cama, abrasaría la cabeza del poeta y su amada. David se distraía mientras nuevos poemas brotaban de la voz vibrante y entusiasta:

—... coronada de rosas como una antigua ninfa...

—Yo eso no lo veo —dijo Julián.

—¿No lo ves? —se extrañó el poeta.

—Pues, no. Ninfa y antigua, no lo veo...

La ninfa de la cama se levantó y abandonó en el suelo el cesto casi vacío. Sonrió a David al pasar a su lado y se ofreció a llenar su vaso de vino.

—No, gracias —dijo David—. Todavía tengo.

Y le mostró el vaso en el suelo, a su lado.

«Ya verás —le había anunciado Julián—, verás qué casa y qué mujer y qué forma de vivir tan libre, tan sin trabas. No es buen poeta, pero ha sabido elegir su libertad...»

—Es un poeta infame —dijo Julián en la calle—. ¿Te has aburrido?

—No —contestó David—. Nunca me aburro contigo. Me llevas a sitios interesantes, tienes unos amigos fantásticos...

No se atrevió a pedirle algo que hace tiempo le rondaba por la cabeza: una invitación al Club de Campo. Ir a jugar un partido de tenis, por ejemplo...

—¿Has leído el libro de Rilke? —le preguntó Julián.

—No del todo, pero me gusta mucho... —contestó David.

Siguió pensando en el Club. Le habían dicho que tenía un ambiente estupendo... Si se atreviera...

De modo inesperado, Julián le dio un pretexto para vencer su indecisión:

—Mañana —estaba diciéndole— tengo que acompañar a mi prima a una fiesta en el Club. Es por la noche, y sus padres no la dejan ir sola. ¿Qué te parece? Imagínate, yo de smoking y de baile...

—Si quieres, te acompaño —dijo David—. Me gustaría conocer el Club...

Julián se le quedó mirando, asombrado y risueño.

—No me digas que quieres ir ahí...

David se echó a reír, pero su risa era forzada, a medias consciente del ridículo empeño, a medias molesta por el asombro de Julián.

—Hombre, no es que me interese especialmente, pero alguna vez...

—Si tú quieres, está hecho —dijo Julián—. Mañana

te llamo para decirte la hora en que pasamos por ti...

Subió las escaleras de prisa, sin esperar el ascensor. Estaba alegre y se sentía ligero. Tenía que probarse el smoking. No se lo había puesto desde el año pasado, por fiestas, para el baile del Casino. Al llegar a la puerta del piso, el vino agrio de la tarde le subió a la garganta. «Demasiado vino —pensó— y demasiadas manzanas.»

Entró en la sala. Sobre el encaje de los visillos destacaba la cabeza de su madre, recostada en la butaca. Estaba inmóvil y tenía los ojos cerrados. David pensó: «Parece muerta», y sintió ganas de vomitar.

—¡Mamá! —gritó.

Y ella abrió los ojos. Levantó la cabeza e irguió el cuello largo, surcado de arrugas, en dirección al hijo. «Parece una culebra», pensó David. Sintió unas ganas absurdas de reír y luego se avergonzó de sí mismo. «Estoy borracho», reflexionó. Luego preguntó:

—¿Dormías?

La madre le examinaba, espiaba las ojeras, aspiraba el aliento que él trataba de contener, calibraba la estabilidad de su cuerpo apoyado en la consola.

—Yo nunca duermo —dijo.

David se entristeció. Todo lo que ocurría entre los dos estaba siempre teñido por la acidez de la madre. «Sólo vivo para ti», solía repetirle. Y David la besaba con el corazón encogido.

Ahora le miraba acusadora, y el cuello tenso y palpitante volvió a evocar en David la imagen de una serpiente a punto de saltar.

—¿Has cenado? —preguntó.

Ella le contestó con otra pregunta:

—¿Cuándo he cenado sin esperarte?

El asombro destilaba un reproche pastoso, una especie de gelatina que le pegaba al suelo, le inmovilizaba los brazos, le golpeaba en el estómago.

«Las manzanas —pensó—, las manzanas y tanto vino.»

—¿Con quién has estado? —preguntó la madre.

—Con Julián y unos amigos —contestó él.

Hizo un esfuerzo para intentar transmitirle al menos una sombra de interés, de comprensión.

—Gente magnífica. Uno escribe y ha publicado ya un libro de versos.

«Hay un amor que espera tras las últimas colinas», trató de recordar...

—Gentuza —dijo la madre.

Y se levantó del sillón para dirigirse al comedor.

David la siguió. Estaba tan cansado que no quiso mencionar el Club de Campo, ni el baile, ni el smoking de mañana.

CAPÍTULO QUINTO

I

Nueva York, abril 1973

Querido David:

Has estado una semana en Nueva York y no nos hemos visto. Luché tanto hace años por que vinieras, que ahora me resulta extraño saber que has estado aquí. He entendido muy bien que no trataras de encontrarme. No tenemos necesidad de vernos. No lo deseamos, ni siquiera lo tememos.

Le he dado muchas vueltas al hecho de que, a pesar de todo, continuemos escribiéndonos. He tratado de buscar las razones de este morse prolongado con el que nos enviamos señales regulares, indicios de que seguimos vivos.

Me parece que ésa es la clave de nuestras cartas. Escribimos para comprobar no que está vivo el otro, sino que lo estamos nosotros mismos. Tus cartas me confirman que existo. Quizá la lejanía me agudice esa necesidad de testimonio. Pero no sólo en la distancia está el destierro. Tú no te has ido y también reclamas cartas que dan fe de tu vida.

Hay un momento en que creemos poseer el hilo que nos guía hacia un destino. Nuestras cartas demuestran que lo hemos perdido. No es el amor y tiene poco que ver con el amor. Es la continuidad como personas lo que necesitamos, la conciencia de quiénes somos, de lo que hemos sido. Desaparecen los seres que contemplaron nuestra infancia. Irrumpen en escena nuevos seres que enardecen nuestras vidas. Se van. Nos arrebatan trozos de piel, fragmentos de sonrisas; se llevan adheridas partes de nuestra biografía...

Nadie recuerda cuándo nací, cómo crecí, nadie registra mis transformaciones sucesivas. Pero yo necesito decírmelo a mí misma, y por eso te escribo.

Estaba tan segura de todo... No sólo de lo que yo buscaba, sino también de lo que tú desatendías.

Te atacaba. Quería despertarte, hacerte ver lo que me parecía claro y definitivo. Hace tiempo que ya no te fustigo. Es cierto que ha desaparecido el amor. Pero no es sólo eso. Me asusta ver que no tenía razón alguna para torturarte: haz esto, no lo hagas, ven, quédate, arrepiéntete... Algo que no puedo precisar se me ha escapado entre los dedos. Soy un predicador que ha perdido la fe, y te pido perdón. Por lo demás, no me importa lo que haces. Hasta tus rasgos se me escapan. Los veo descolocados, dispersos, como las piezas de un rompecabezas que hay que ordenar.

Pero te escribo. Lanzo al océano mensajes encerrados en botellas con la esperanza de que alguien los lea y me comunique que estoy viva. Ese alguien eres tú, y también me escribes. Eso es todo. No queremos saber nada del otro, sino lo más posible de nosotros mismos. Hemos llegado a hacer de nuestras cartas un tratamiento personal, una terapia, un diario, un testamento. Y un juego. La pelota que nos lanzamos y nos devolvemos apenas rozada con el único fin de recibirla en seguida. Un juego compulsivo y angustioso al que Julián nunca hubiera jugado.

Él sí sabe dónde está. Entonces, cuando éramos muy jóvenes, él regresaba ya del entusiasmo y la inocencia que me hacían creer en proyectos brillantes. Tampoco tenía la ambición, el deseo de habitar el mundo de los fuertes como tú. Quizá porque él había tenido siempre todo lo que tú ansiabas, y también puede ser que él se adelantase a todos los naufragios, eligiendo desde un principio esa isla que buscan los que van a la deriva.

Julián no hubiera jugado a ese intercambio aséptico de egolatrías...

Comprendo que no me hayas buscado en Nueva York. De haberlo hecho, no me hubieras encontrado. Ya sólo somos dos desconocidos.

Un beso.

Annick.

II

Genoveva le miraba con curiosidad, como diciendo: ¿De verdad crees eso?

—No lo creas —dijo—. Son objetos que odia porque David los despreciaba. Por eso los dejó en su casa...

«... abandonados, enterrados en un pasado del que David ¿renegaba?»

Como Genoveva, él se hacía preguntas; como ella, buscaba información. Los dos querían saber más de David. La mujer, para averiguar hasta qué punto el ser que rescató de la «miseria» era indigno de tal fortuna. El amigo, para saber en qué medida David fue una víctima o sólo un traidor a sí mismo y, en consecuencia, al padre, a Annick, a él...

El silencio se extendía sobre la casa, la envolvía, la apartaba del mundo exterior. Temblaron las luces dentro de las bombillas.

—Ocurre a veces, cuando hay tormenta —dijo Genoveva.

Temblaron las luces, y si se apagaran del todo, el ama entraría con una palmatoria, encendería velas en candelabros de plata o de cristal, los colocaría entre los dos y la escena se convertiría en lo que realmente era: un encuentro terrible entre dos seres que luchan por un muerto.

Con ira contenida, Genoveva siguió hablando de la madre de David:

—No puedo soportar su papel de plañidera. Llora y llora sin el menor autocontrol...

Todo el desdén del mundo estaba contenido en esa frase: «Llora sin el menor autocontrol.»

Cuando era niño, su abuela solía decirle: «Las personas educadas no lloran.» Él deducía, o quizá imaginó más tarde que lo deducía, que la abuela quería decir: «Los poderosos no lloran.» Sólo los pobres, los harapientos, los que no comen, los débiles, pueden llorar. Porque, a fin de cuentas, ¿por qué van a llorar los que lo tienen todo? Genoveva y la abuela pertenecían a un mismo lugar reservado y aislado, ocupaban un mismo palco preferente desde el cual contemplaban el espectáculo del dolor... «Mamá era diferente. Mamá entraba en escena, acariciaba, curaba las pequeñas heridas, corregía las injusticias, las humillaciones, las asperezas de los otros...»

—Insisto en que está loca —dijo Genoveva—. Reclama ahora un dinero de David, dinero que, según ella, le entregó un día...

La madre de David y su pequeño dinero. La madre de David y sus pequeños resentimientos: la familia del padre, los amigos de David. Un día, al poco tiempo de conocerse, David le había dicho: «Mi madre no te quiere porque hablas el lenguaje de mi padre...»

—No sé qué hacer. ¿Tú crees que David pudo pedirle dinero alguna vez?

De nuevo reclamaba su ayuda. Investigaba a través de Julián facetas en penumbra de la vida de David; quería confirmar que había cargos suficientes contra él...

—No lo sé. No lo puedo saber. Son muchos años de lejanía. No te olvides del tiempo...

La puerta se abrió violentamente y un muchacho irrumpió en el salón.

—Hola, David —dijo la madre.

Y Julián se estremeció. Nunca había sabido, no se había molestado en preguntar, y además nadie había pronunciado ese nombre en su presencia... Ignoraba que aquel hijo pequeño, el callado, el huraño, el que heredara la voz de su padre, se llamaba David.

—Hola —dijo el chico.

Miró a Julián y miró los planos sobre la mesa, y adelantó la mano para cogerlos sin que la madre opusiera resistencia.

—Los planos de la casa de Ibiza —dijo.

Así que ella había hablado con los hijos, o los hijos se habían enterado al mismo tiempo que ella de la existencia de esa casa y habían compartido con la madre el desconcierto y la sorpresa.

—La casa de papá —murmuró el chico.

Dio varias vueltas a los planos, los examinó con desmaña. Se veía que no entendía o no le interesaban los signos convencionales. La madre guardaba silencio. Julián, también.

—Cámbiate —dijo la madre—; estás mojado. No se puede circular en moto con este tiempo.

—He venido en autobús —replicó él.

Pero estaba mojado de todas formas, y subió las escaleras, reclamando:

—Que alguien me prepare una taza de té...

Le pareció a Julián que había en su voz, la voz de David joven, un eco de alegría o de mayor espontaneidad, o era sólo que ya no le consideraba un extraño, como el primer día...

—¿Qué hago? —preguntó Genoveva.

Y Julián no supo a qué «hacer» se refería la pregunta.

—No entiendo —contestó.

—Con la madre de David. Con el dinero. Qué hago...

La pregunta no esperaba respuesta. La formulaba únicamente para ver si Julián, rebuscando entre anécdotas sin relieve, frases sin importancia, recuerdos empolvados por su propia insignificancia, encontraba de pronto uno, el que ella buscaba, para resolver su molesto conflicto...

—... porque yo puedo darle lo que pida. Darle dinero, y que me deje en paz. Pero ella insiste en que hay unos papeles que guardaba David. Habla de fechas, más o menos la fecha en que él compró esa casa... He llegado a pensar que David quería mantener la casa tan apartada de nosotros que por eso acudió a su madre y le pidió el dinero...

«... sospechando que ella nunca vendría a reclamárselo, sospechando que moriría antes que él...», pensó Julián.

Todo un turbio manejo de documentos, contabilidades, misterios económicos, para ocultar a Genoveva la compra simbólica de una rebeldía que nunca tendría el valor de hacer real.

—No olvidemos —siguió en su discurso Genoveva— que el administrador me es fiel, me pertenece, como todos los negocios de papá. Si el dinero de la casa viniera de ese lado, yo estaría informada...

Las pruebas se acumulaban. David había mentido, engañado, pecado. El juez iba a vérselas muy mal para absolverlo. Y estaba el testamento. Él no contaba con el testamento, que un día sería abierto; no pensó en la breve referencia a la casa, en la ausencia de datos sobre cómo y cuándo y con qué dinero la comprara...

En aquel momento, Julián cometió un error. Al serle ofrecida por Genoveva una taza de té, luego que el ama lo hubiera preparado a requerimiento del hijo de David, él, sin reflexionar, sin detenerse a considerar que una taza de té era lo más aconsejable, saludable, inocuo que podía tomar, se limitó a decir:

—No, gracias.

III

—Si quieres triunfar, tienes que aprender más inglés... —dijo Julián lánguidamente. Estaban sentados en una terraza de Recoletos. La primavera brotaba en los parterres y las muchachas pasaban envueltas en los colores de mayo.

—Ya lo sé —dijo David—. En cualquier carrera es útil, y más en la mía, que tienes toda la bibliografía interesante en inglés...

Julián hizo un gesto de fastidio.

—No te digo triunfar en la carrera. Te digo con las extranjeras...

Precisamente entonces un grupo de chicas se detuvo no lejos de ellos. Examinaban mapas, discutían, les miraban sonrientes.

—¿No ves? —dijo Julián—. ¿No ves qué diferencia con las de aquí? Hasta en el modo de andar se nota la diferencia...

David miró a las chicas y pensó que tenía razón Julián. Se notaba la diferencia. Las chicas españolas pasaban serias, envaradas, formales, «sobre todo formales —decía la madre—, vete con chicas formales». Guardaban las formas y rara vez miraban a un chico como lo hacían éstas, así, directamente...

Con los amigos, una vez surgió el tema, y Julián lo planteaba como una adivinanza: «¿Qué es más fácil? ¿Entenderse con una persona de otro país, de tus mismas ideas, gustos, posturas ante la vida, o con una persona de tu país distinta a ti en casi todo, pero que comparte contigo las claves profundas del idioma, las consignas heredadas de la tribu? Y luego está el factor biológico, el entendimiento instintivo, de piel a piel...»

David pensaba: ¡qué difícil entenderse con extraños si no es fácil comprender a los próximos! Pero esperaba las opiniones de los otros, que llegaban ruidosas y abundantes.

Unos decían: «Sólo funciona la afinidad intelectual. No hay barreras, no hay países, no hay fronteras cuando se habla el lenguaje universal de la inteligencia...» Otros: «Sólo vale lo entrañable, lo nuestro, lo que somos capaces de encarnar en cada instante...»

Julián dijo: «Sólo unen las experiencias comunes...»

Eran largos debates por cafés y tabernas, tiempos perdidos o ganados en busca de las propias respuestas. Al final no se llegaba a ningún acuerdo. Ni se pretendía. Pero David bebía las palabras, las dudas, las certezas, las citas literarias y filosóficas que esgrimían Julián y sus amigos.

Nunca nacía la luz en aquellas discusiones, pero se encendían miles de luces, ráfagas, resplandores, focos de muchos vatios que penetraban en rincones oscuros sacando a superficie lo que muchos pensaban, algunos decían y pocos se atrevían a confesar. En ocasiones David no lograba que el juego le cautivara. Los otros asentían o disentían, pero siempre dentro del juego, dueños de la argucia, la sutileza, el sofisma. Ágiles y rápidos, estaban dispuestos a saltar ante la menor fisura en el razonamiento del contrario...

A veces David se aburría. Entonces se detenía a pensar en sus cosas, a pensar si no hubiera sido mejor quedar libre, no entrar tan de lleno en el mundo de Julián, mejor encontrarse con gente de la Facultad, gente sana, aficionada al deporte, más chicas, más diversión...

Aquel año terminaba la carrera, pero luego quedaban los seis meses de las milicias y luego el trabajo, decidirse por una rama de investigación, la más brillante, la que más prometiera... De eso no hablaban nunca los amigos de Julián. Casi todos habían abandonado sus carreras y empleaban su tiempo en aprendizajes enfervorizados de muy poca salida: arte, literatura, política... Los más comprometidos en la lucha seguían en la Facultad. A David le atraían. «Quieren la libertad —le decía a Julián—, quieren que España sea un país libre y justo.» Habían pasado los tiempos del padre y sus amigos conspirando en la trastienda de la farmacia. «Algún día llegará nuestra hora y deberíamos estar todos un poco preparados. El compromiso —repetía David—, es necesario el compromiso.»

—Vete al British —le estaba diciendo Julián—, matricúlate en el British y estudia fuerte. Luego nos iremos a Londres; verás qué maravilla de ciudad...

Julián era capaz de entusiasmarle con los proyectos más disparatados, aunque, después de todo, lo de Londres era posible, era fácil de hacer: sólo convencer a la madre... Londres era una enorme tentación. Y, por si fuera poco, el viaje y la aventura. Julián tenía allí parientes importantes por parte de una abuela inglesa, parientes con dinero, alta sociedad, fiestas, amistades fabulosas...

—Te llevaré a ver la casa de Keats, en Hamstead, y haremos una excursión por las tierras de Shakespeare... —dijo Julián, soñador y meditativo y distante.

Capítulo sexto

I

Nueva York, marzo 1974

Querido David:

Hoy cumplo cuarenta años. En este desgarrón que nos marcan las fechas, hago un balance involuntario de mi vida y sólo encuentro una renuncia que me duele: el hijo que nunca me he decidido a tener. Me inquieta confesar que he perdido la más gloriosa recompensa concedida a mi sexo. Lo he hecho y me duele, pero no me arrepiento. Ha sido un empeño lúcido. He deseado tanto ser libre y dueña de mí misma... No he querido dejarme arrebatar lo único que tengo, mi libertad, mi independencia, el derecho a vivir y morir como yo quiera. Un hijo significa la pérdida de ese derecho. ¿Lo significa también en la paternidad?

No ha sido fácil evitar las constantes añagazas que nos tiende la especie. ¡Qué mistificación la permanencia, qué farsa el dejar huella de uno mismo, qué soberbio espejismo la inmortalidad! Y la emboscada más cruel: el hijo como consecuencia de un gran amor.

En cuanto a ese «gran amor», he visto, al paso de los años, cómo puede adoptar formas distintas sin dejar de ser amor. Recuerdo que el amor de mi infancia era mi madre. Me torturaba la idea de perderla; sufría cuando estaba enferma; quería vivir siempre con ella... En mi adolescencia amé a una amiga intensamente, del mismo modo perentorio y absorbente.

Cuando me enamoré de un chico, cuando experimenté por vez primera eso que todos llaman amor, era el mismo sentimiento ya sufrido, las mismas señas de identificación: presencia permanente, preferencia sobre cualquier otro ser, posesión, absorción. De esa manera apasionada he amado a pocos seres. Tú fuiste uno de ellos. Hoy, con suficiente lejanía, me pregunto: ¿debí luchar por conservarte? Creo que no. Podíamos habernos convertido en una buena familia, pero no la única aceptable. Se pueden hacer familias con tantas fórmulas... Pienso a veces que nosotros tres, Julián, tú y yo, hubiéramos formado una familia. Y quizá los hijos de David y Annick o de Julián y Annick. Una familia diferente y hermosa, por qué no. Y por qué sí. Una nueva emboscada sin sentido... Porque si bien es cierto que lamento en abstracto no haber tenido un hijo, también lo es que me defiendo en seguida de ese pesar. Me digo: es muy posible que esa pasión ya conocida fuera devastadora en el caso del hijo, fuera el más rico y complejo de los amores y también el que me llevaría sin remedio al desastre. No me atrevo a presentir el grado de entrega, inmolación, arrasamiento personal que puede suponer el amor al hijo. Me da miedo imaginar siquiera ese amor.

Todo esto me lo he dicho muchas veces. Pero muy en el fondo, más profunda que todas las razones, defensas, sinrazones, persiste una verdad: he amputado la única diferencia que conozco que me separa de la libertad del hombre. Lo he conseguido y estoy sola.

Un beso,

Annick.

II

No tomar el té. Ése había sido el primer error. El segundo, pedir whisky con hielo, cambiar de bebida. Se lo había recomendado a sí mismo miles de veces: «Nunca cambies de bebida cuando esperas beber mucho.» Pues bien, había cometido el error de cambiar.

El coñac no era su bebida. ¿Cómo pudo aceptarlo? Fue después del café cuando se lo ofreció Genoveva. Detalle de no bebedora. Porque una bebedora sabe que, no importa la hora del día o de la noche, cada uno tiene su bebida propia, su propio veneno cuidadosamente seleccionado a lo largo de pruebas múltiples que nos llevan a la conclusión de que hay uno predilecto, no mejor que otro ni siquiera menos dañino, pero sí uno que nos produce exactamente la exaltación que perseguimos. Él había elegido el whisky, lo cual no implicaba renuncia a las demás bebidas, pero sí una larga entrega a la favorita, una prolongada convivencia compatible con infidelidades de un día.

David tenía en la mano una taza de té, pero apenas la tocaba. «El pequeño, como el padre y la abuela, café», había diagnosticado el ama.

—¿Puedo? —preguntó el chico, alargando la mano hacia la botella de whisky. «Mi botella —pensó Julián—. Ni café ni té. Quiere beber como nosotros hacíamos, como alguien, ¿el padre?, le habrá contado que hacíamos desde nuestra juventud.»

David puso hielo en un vaso y luego un poco, muy poco alcohol. Bebió a pequeños sorbos y paladeaba tratando de encontrar la clave delicada del sabor, esperando el momento en que el líquido instalado en el centro previsto irradiase sus efectos por todo el cuerpo.

Julián levantó su vaso, lo elevó hasta la altura del chico en un brindis silencioso que creaba entre ellos un vínculo de amistad. Genoveva se sirvió una segunda taza de té.

—¿Tú vives solo? —preguntó.

Y Julián dedujo que la pregunta había sido inspirada por la imagen del hijo buscando en él la sombra del padre desaparecido.

—Sí, vivo solo —contestó.

Y necesitó beber de un trago lo que quedaba en el vaso, whisky aguado y hielo deshecho.

—Vivo rodeado de gente, pero solo —explicó.

Genoveva no contestó, pero David intervino:

—Como todos —dijo—. «Solo nací, solo muero.»

¿También esto se lo había enseñado el padre? ¿Recordaba David los versos que recitaban a dúo en las madrugadas?

Quizá cuando bebía. Sólo entonces David regresaría a la clarividencia original, haría balance, encontraría que al fondo del camino no había salido, una enorme pared tan sólo y, detrás, la muerte...

David habría recuperado la lucidez estos últimos años. Julián quería creerlo. Tal vez el hijo pequeño lo espiaba cuando bebía, porque necesitaba saber de él algo más de lo que reflejaba el ejercicio, estructurado por Genoveva, de su paternidad.

—No puedo imaginarme qué tipo de padre era David —dijo Julián.

Desde un principio había decidido que nunca llegaría a hacer preguntas graves sobre David a esta mujer que se sentaba frente a él. No quería hablar de David. Y, sin embargo, empujado por lo que empezaba a ser una inevitable borrachera, dijo:

—No puedo imaginarme qué tipo de padre era David...

Lo dijo sin querer, pero deseó fervientemente una respuesta, dos respuestas: la de Genoveva y la del hijo.

—Tenía poco tiempo para ser padre —se adelantó Genoveva—. Mucho trabajo, mucha vida social, los viajes, los deportes. Como la mayoría de los padres que conozco.

El chico la miraba, y Julián observó que el escaso alcohol que había bebido estaba derribando muros de reserva construidos en años de aislamiento.

—Para María y Rafael sí fue un buen padre —dijo—. Les daba todo lo que querían y ellos le devolvían lo que él solicitaba: buenas notas, buenos amigos, novios buenos... Para mí no supo ser padre...

Un chispazo de alarma se encendió en el cerebro de Julián. Todavía era tiempo de reclamar el té, de apresurar la despedida, de dar una palmada en la espalda al muchacho que un poco tembloroso replicaba a la madre. Todavía... No obstante, dijo al chico:

—Sírveme más —y le extendió el vaso vacío mientras era perfectamente consciente del infortunio a que iba a conducirle el movimiento incontenible de su mano.

Genoveva no contestó al hijo. Persistía en su silencio, y Julián bebió sin miedo, entregado a la rabiosa libertad de decir todo aquello que pasara por su mente, sin precauciones delicadas, sin eufemismos aprendidos.

—¿Por qué acusas a tu padre? —preguntó Julián al chico.

El chico no respondió. Ella callaba, pero no escaparía. Había llegado la hora de la pregunta cruel, del acorralamiento, del acoso.

—¿Qué clase de marido era David? —preguntó Julián.

«... qué clase de amante, compañero, señor, esclavo...»

—¿Cómo te pagaba David? —volvió a preguntar.

«... no importa que esté el chico; debe oír la pregunta y la respuesta...»

Desde muy lejos, desde la frialdad y la mesura de su sobriedad, Genoveva contestó:

—David no me pagaba. Yo pagaba a David sus aficiones caras, su pasión por los ricos.

«... tampoco a ella parece importarle que esté el chico; también parece desear que él escuche todo lo que va a decirse sobre el padre perdido...»

—Estoy seguro de que David te odiaba —se oyó decir Julián.

«... padre destruido, prematuramente desaparecido, comprado, claudicado...»

—Puede ser —contestó ella—. Pero se odiaba más a sí mismo...

—¿Hasta el punto de ver la muerte como la única salida? —dijo Julián.

Genoveva no contestó. Silencio. Habían llegado a un punto difícil de superar.

—Estás desvariando —dijo Genoveva.

—Él eligió y perdió, pero, de todos modos, ¿qué más da? ¿Qué hubiera hecho David en ese mundo de investigadores que tanto idealizaba? ¿Acaso no se venden los investigadores? —gritó Julián.

Genoveva callaba. David había subido escaleras arriba, camino de su cuarto, incapaz de seguir soportando la escena, o sólo era una desaparición momentánea para volver en seguida a ocupar su puesto junto a la madre y frente a él.

—Cálmate —dijo Genoveva—. Cálmate, por favor.

Pero él no se calmaba. «... no lo dice por ternura o comprensión; lo dice por mantener las buenas formas...»

No se calmaba, y le brillaban los ojos enrojecidos, le temblaba la voz. Con las dos manos sujetó su cabeza y pareció reflexionar. Luego, más sereno en apariencia, dijo:

—¿Por qué no me preguntas qué clase de amigo era David?

III

El sol de junio caía a plomo, pero los árboles del soto daban una sombra fresca. El agua del río discurría serena, pasaba sobre las piedras sin esfuerzo, se introducía en remansos circundados por islas de espadañas.

—Me dan miedo los ríos —dijo Julián—. No se ve el fondo, hay remolinos, pozos imprevistos...

Estaban sentados a la orilla del agua, en una piedra lisa, y el agua era una tentación y una pereza.

—¿Nos bañamos? —había propuesto David.

Julián dudaba, y había acabado por confesar lo del miedo a los ríos.

En la ribera opuesta descansaba la ciudad. Las torres de las iglesias se dibujaban sobre el cielo entre el caserío desigual y carcomido. Durante toda la mañana habían paseado, y cuando bajaban hacia el río el silencio del mediodía descendió sobre las calles desiertas, los portales entornados, las ventanas cerradas, los templos, los conventos, los edificios civiles solemnes y herméticos. En una plaza había un cuartel, y Julián preguntó:

—¿Es éste el tuyo?

—No —contestó David—, no es ése. Hay más de uno.

Ahora la ciudad reposaba adormecida en la canícula, y la contemplación de su perfil inmóvil, ni un pájaro en el aire a aquella hora, ni un niño jugando, ni un sonido, hizo exclamar a Julián:

—Castilla es como una gran iglesia, hermosa y vacía...

David quiso borrar esa sensación.

—A la tarde es distinto, ya verás. Se anima mucho la plaza por la tarde...

—¿Muchas chicas? —bromeó Julián—. Os rifarán las chicas con eso del uniforme y la estrella...

—De chicas, bien —dijo David—, pero muy recatadas. Ya sabes, la provincia...

Julián fue a tumbarse sobre la hierba y David observaba los chopos. Las ramas se movían levemente, penachos ahusados de hojas redondas verde claro, verde tierno, que remataban el tronco recto.

—¿Tú has pensado casarte algún día? —preguntó David.

Julián le miró con extrañeza.

—¿Por qué me lo preguntas? ¿Lo estás pensando tú? —dijo burlón.

—No —dijo David—. Se me ha ocurrido de pronto, no sé por qué...

—Jamás —contestó Julián—. Nunca. En este país, un matrimonio es una condena...

Una nube pequeña había ido a instalarse exactamente delante del sol. El río y la ciudad al otro lado y el verde de los árboles se volvieron de pronto opacos.

—¿Y si un día te enamoras? —insistió David.

Julián se puso serio. Tenía esa costumbre. Ponerse serio de repente, en medio de una broma, como si una palabra despertara en él otras afines o distintas, pero que le llevaban a un punto doloroso.

—Hay muchas formas de amor —dijo—. Tú, que eres tan científico, dedícate a estudiar por qué proceso químico despierta la memoria a las cosas tristes si olvidamos tan pronto las alegres...

La nube había abandonado el sol y volaba ahora hacia la torre más alta, detrás de la catedral. Otra vez el sol brilló con fuerza devolviendo el fulgor al agua, la suave claridad a los verdes de la ribera, el dorado esplendor a las piedras.

—Vámonos a comer —dijo Julián—. Y luego a la plaza a tomar café. Vámonos...

También era muy propio de Julián pasar de la seriedad a un estado de ligera alegría, de frivolidad, como si dijese: «Nada importa.» Y lo decía.

—Nada importa. Todo da igual. Pero, dime, ahora que terminas tu milicia, ¿qué vas a hacer?

Habían empezado a caminar y saltaban por las piedras de la orilla hasta encontrar el camino.

En este momento, en esta ciudad castellana, en este destierro momentáneo que cerraba una etapa de aprendizaje para la edad adulta, David sintió la necesidad de ser sincero, de decir al amigo lo que pensaba y deseaba y proyectaba para el futuro.

—Yo, de verdad, Julián, quisiera alcanzar algo, no sé exactamente qué, pero quisiera conseguir algo más de lo que hasta ahora he tenido...

Cruzaban el puente, y Julián se apoyó sobre el pretil y se quedó contemplando la corriente.

Estaba otra vez serio cuando siguió andando y habló:

—Somos afortunados —dijo—; tenemos la oportunidad de elegir. La mayoría no la tiene...

—Tú has tenido muchas cosas desde el principio —replicó David—. Tú perteneces a una clase social privilegiada. Viajes, educación, buenas casas, tú lo has tenido todo. Pero tienes que entender que yo necesito luchar para alcanzar lo que tú desprecias, ¿te das cuenta?

Julián sabía escuchar y trataba de comprender. Ésa era otra gran cualidad de Julián. David esperó ansioso una respuesta, una aprobación o una crítica a su tímida ambición.

Subían ya la cuesta que conducía a la plaza. Entraban por el arco de piedra que daba acceso a la ciudad. Julián miró la imagen en su hornacina. Sus ojos vacíos contemplaban siglos de río, de chopos verdes, de cielo azul.

—David, es tu destino y tu riesgo. Serás lo que tú decidas —dijo con voz grave, y, bruscamente, volvió a la intrascendencia, la gracia, la ironía—: Mírame a mí. He elegido: no terminar la carrera, esperar hasta la última prórroga de estudios para servir a la patria, marcharme de vacaciones contigo tan pronto como tú termines...

Comieron, y cuando entraron en la plaza ya había mesas ocupadas en las terrazas. Abundaban los hombres. Algunos jugaban al dominó, otros discutían o charlaban. Muchachos de uniforme se sentaban en grupos. Algunos, como David, iban de paisano, pero se les reconocía por el pelo muy corto, las dudas al elegir mesa, el desconocimiento del lugar.

—No sabes cuánto te agradezco esta visita —dijo David—. Está uno aquí tan fastidiado...

Pidieron café y copa y cigarrillos. Julián hablaba sin cesar, embriagado de entusiasmo, como siempre que hacía proyectos.

—Verás. He pensado que ni siquiera Londres. Cuando acabes aquí, ¿dentro de un mes, no es eso?, en cuanto acabes nos marcharemos a Ibiza. Me han contado que es la isla más bonita del Mediterráneo. Y que no parece España. Es una isla libre... Nos iremos a vivir un verano de sol y copas, amor y libertad...

David participaba de la alegría de Julián.

—Por Ibiza —dijo.

Y se bebió la copa de golpe.

Capítulo séptimo

I

Nueva York, abril 1974

Querido David:

Creo que ha llegado el momento de cortar. Tu última carta me ha decidido a poner fin a este intercambio de lamentos impúdicos en que hemos convertido nuestra correspondencia. No quiero saber nada. No me cuentes más cosas. Es difícil vivir; lo sé, es peligroso; lo único peligroso. Agárrate a una tabla y sal a flote. Estás a tiempo de dar un giro a tu vida. Abandona esa mezcla de lujo y mala conciencia en la que te debates. Acércate a la vida de tus hijos. Obsérvalos, ayúdalos...

No sé qué decirte. Pero no me escribas. Ése puede ser el comienzo de la verdadera lucidez.

Un beso,

Annick.

II

Le estallaba la cabeza. Una náusea infinita le revolvía el estómago. «Me doy asco a mí mismo; yo soy mi propia náusea», pensó. Quería seguir hablando, explicando cómo había sido su amistad con David. Insistentemente se repetía: «Ella tiene que saberlo, ella tiene que escucharme como otras veces la he escuchado yo.» Podía empezar: «David vino a mí como un tierno y candoroso doncel. Me cautivó su inocencia, su ingenuidad, su deseo de aprenderlo todo... Fui su maestro y su guía en las cosas que yo amaba, pero él buscaba algo más, él esperaba algo más...»

—Genoveva —dijo Julián de pronto, y le sonó raro; observó que era la única vez que se había dirigido a ella pronunciando su nombre. También por primera vez iba a hacerle una pregunta que sólo se refería a ella—. Genoveva —repitió—, ¿tú esperas algo más?

Ella entendió en seguida y contestó, rápida y tajante:

—Yo tengo todo lo que puedo esperar...

«Coherente. Sincera, sin ambigüedades...», murmuró Julián.

—Yo espero un barco que me lleve a alguna parte —bromeó—. La barca de Caronte, quizá...

Sin saber cómo, el hijo de David había vuelto; estaba otra vez sentado frente a él. Julián extendió los brazos y le pidió:

—Ayúdame.

El chico se levantó y le cogió por las dos manos; luego le agarró por la cintura y le preguntó:

—¿Qué quieres hacer?

Él contestó:

—Marcharme. Marcharme para siempre de esta casa...

Luego dio un traspiés y confesó:

—Estoy completamente borracho.

—Te pediremos un taxi —dijo el chico.

—No, déjalo. Necesito salir al frío. Necesito pasear —balbuceó Julián.

Lentamente echó a andar hacia la puerta, y el chico le precedía y le guiaba.

—Iré a verte a Ibiza —dijo el muchacho, y la voz de David joven sonó con especial dulzura en los oídos de Julián.

—Te esperaré —dijo con voz segura.

«He heredado el hijo de David», pensó, y una total serenidad le invadió.

Antes de salir se volvió hacia Genoveva, que estaba de pie ante la chimenea.

—Adiós —dijo.

III

La puesta de sol era un suicidio repentino, una inmersión desesperada, un sacrificio teñido de reflejos sangrientos en el mar.

El agua azul brillante, azul turquesa, el agua hace un instante azul, había pasado a convertirse, tras la repentina huida del sol, en una inquietante masa de tinta oscura.

Fue sólo un instante, porque en seguida la luz que el sol había absorbido en su espectacular despedida retornó, dando relieve a las rocas, volviendo al mar celeste y marino, al cielo.

David sentía la energía del calor acumulado en su cuerpo durante el día, el sabor de la sal depositada en su piel, toda la belleza de la isla clavada en su retina...

—Vámonos a «Tristán» —dijo Julián—. Nos esperan allí...

Estiró los brazos hacia el sol desaparecido y gritó, como en una invocación:

—¡Oh Ra!, descansa y vuelve mañana, pero danos el tiempo suficiente para gozar la noche sin fronteras...

Tras del ocaso empezaba la fiesta. El rito de la absenta, la música, la charla, las muchachas. Cuando entraron en «Tristán» estaban allí las dos. Les esperaban ante el mostrador y bebían sus vinos entre risas. Se reían de lo que se contaban o porque también ellas se sentían exaltadas por la lujosa plenitud del día. Allí estaban las dos, pero David y Julián fueron a colocarse cerca de Annick, flanqueándola cada uno por un lado, tratando cada uno de triunfar sobre el otro sin pretenderlo, sin saberlo, absortos, como estaban, en su fascinación...

Annick sonrió a David. Miraba deslumbrada a David. Escuchaba a David. Reía y bebía y seguía escuchando a David.

—... así que nos veremos seguramente en Nueva York... —estaba diciendo David.

—Te esperaré —dijo Annick, risueña y despreocupada.

—Espérame —dijo David, también alegre, también desenfadado—, porque, si estoy vivo, iré...

Capítulo octavo

I

II

Pero Genoveva no había terminado.

—Espera —le ordenó.

Todavía tenía algo que preguntar, algo que dejar claro antes de que Julián saliera de su vida para siempre.

—En el buró de David —dijo— he encontrado un montón de cartas. Aún no he tenido tiempo de leerlas, pero, dime, ¿quién era esa Annick?

III

«Las Magnolias», 28 de agosto de 1985

ÍNDICE

Impreso en el mes de abril de 1986
Talleres Gráficos DUPLEX, S. A.
Ciudad de la Asunción, 26
08030 Barcelona